Tuinen van Eden

10 historische parken en tuinen

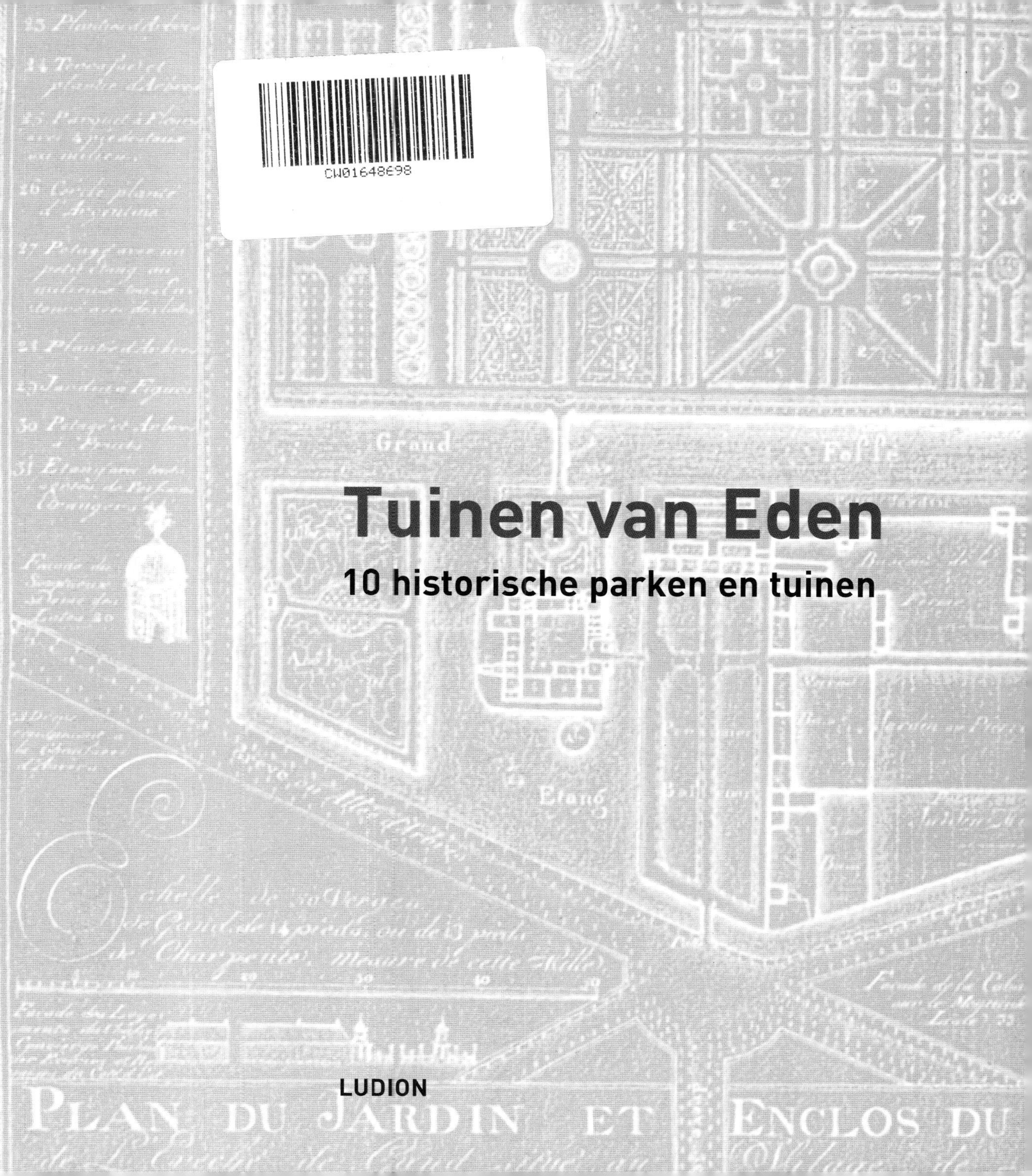

LUDION

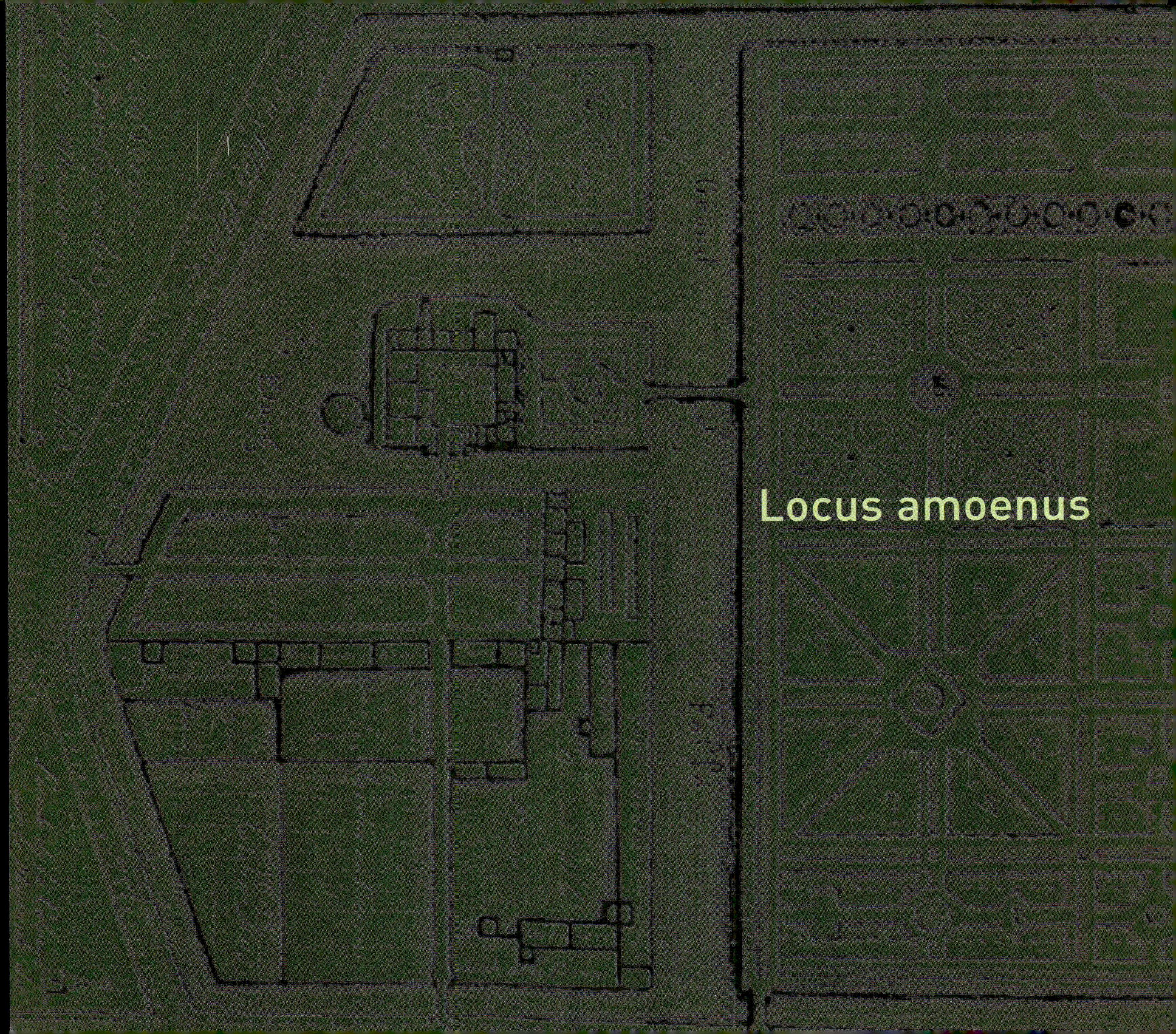

Locus amoenus

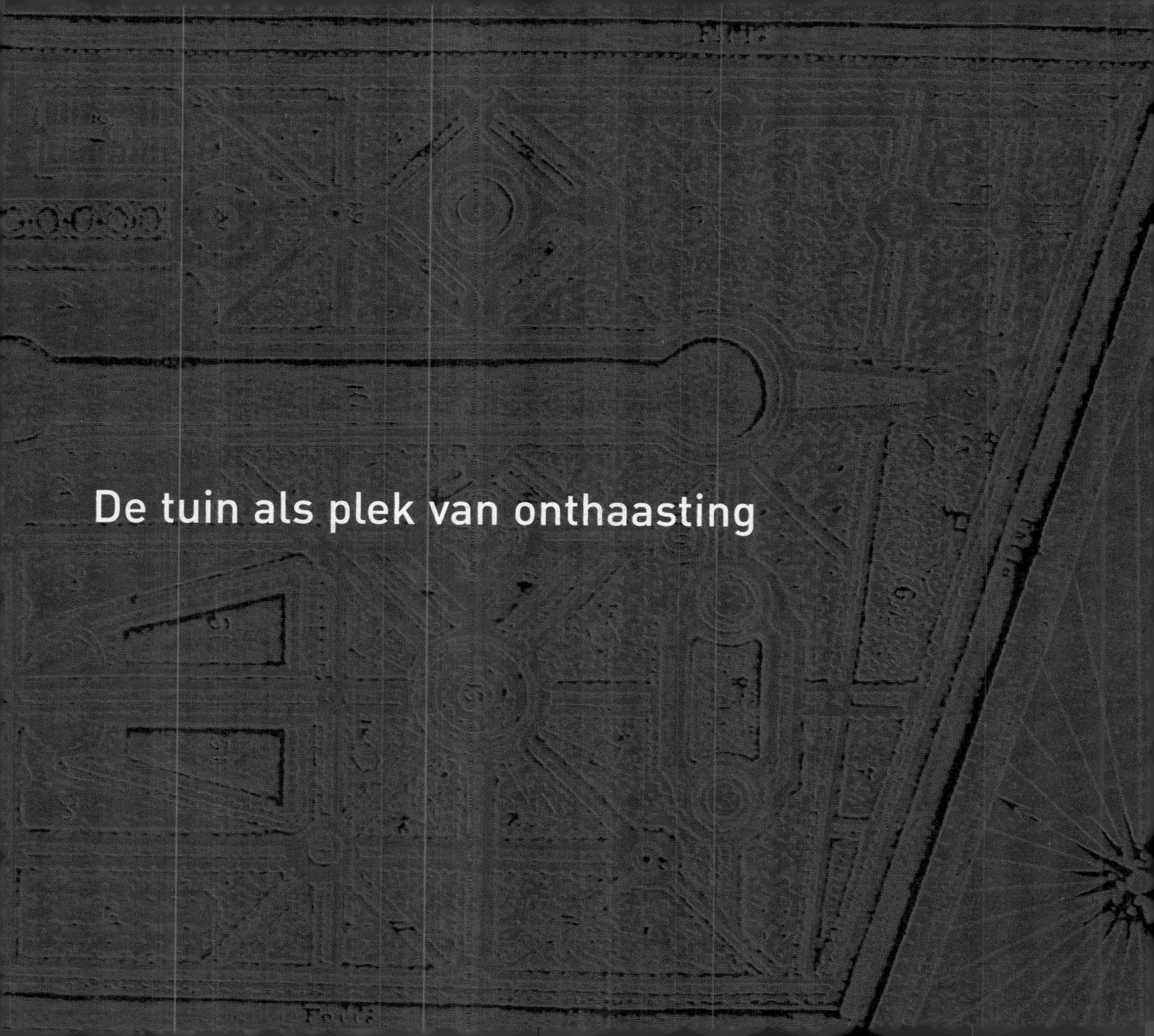

De tuin als plek van onthaasting

Natuurlijk groen noopt tot contemplatie

Bij de samenvloeiing van de Leie met de Schelde in Gent rijzen tussen 19de-eeuwse fabrieksgebouwen de ruïnes van de aloude Sint-Baafsabdij op. Keizer Karel liet in 1540 de abdijkerk en de abdijgebouwen grotendeels slopen om er het Spanjaardenkasteel, de dwangburcht van Gent, op te richten. Te midden van restanten van de pandgang ligt de pandhof aan de voet van het 12de-eeuwse lavatorium. Geen kruidenhof, geen barokke buxuskrullen, maar een eenvoudig kort geschoren grasveld met madelieven, ereprijs en braambes.

Wanneer de Franse dichteres en filosofe Christine de Pisan zich naar aanleiding van de Honderdjarige Oorlog (1337-1453) met de Engelsen uit Parijs terugtrekt in het dominicanessenklooster van Poissy, beschrijft zij hoe het gras in de pandhof steeds kort gehouden werd. Want had de (Vlaamse?) augustijn en theoloog Hugues de Saint-Victor er niet op gewezen dat groen symbool staat voor het eeuwige leven en de wedergeboorte? En stelde de veelgeprezen Franse auteur en prior Hugues de Fouilloy niet dat het frisgroene gras van de pandhof de tussen vier muren opgesloten monniken aanzette tot contemplatie en studie? De theoloog en bisschop van Parijs Guillaume d'Auvergne wist zelfs dat groen een verzachtende invloed op de ogen uitoefende omdat het het midden houdt tussen zwart, dat de oogpupil openspert, en wit, dat de oogpupil vernauwt.

Hoe ze het gras in die tijd kort hielden? Door schapen op het grasveld te laten weiden of door het gras te scheren met een schapenschaar, hoor je weleens beweren. Er zijn echter goede redenen om aan te nemen dat de tuinmannen van toen al dezelfde techniek toepasten als de hoveniers uit de 18de eeuw. Vroeg in de ochtend rolden ze de bedauwde grassprieten plat, om ze daarna met een scherpe zeis in de tegenovergestelde richting af te maaien. Door bij elke maaibeurt de rol- en zeisrichting overhoeks of haaks af te wisselen, verkregen ze een gelijkmatige en korte grasmat.

Vandaag de dag verrichten de *green keepers* van perfecte *golf greens* en voetbalgrasmatten nog exact dezelfde handelingen. Alleen is het werk sinds het midden van de 19de eeuw met de opkomst van de klassieke grasmaaier gemechaniseerd. Cilindermaaiers hebben namelijk voorin een dunne rol om het gras plat te leggen. De messen van de erachter gemonteerde cilinder snijden het gras kort. Ook de maairichting wordt nog altijd afgewisseld. In de loop van de 16de eeuw evolueert de pandhof van een eenvoudige grasmat naar een siertuin met kunstig gesnoeide haagjes, aanvankelijk nog rechttoe rechtaan, later met barok krullenwerk. De hoofdtoon van de pandhof is tot vandaag groen gebleven.

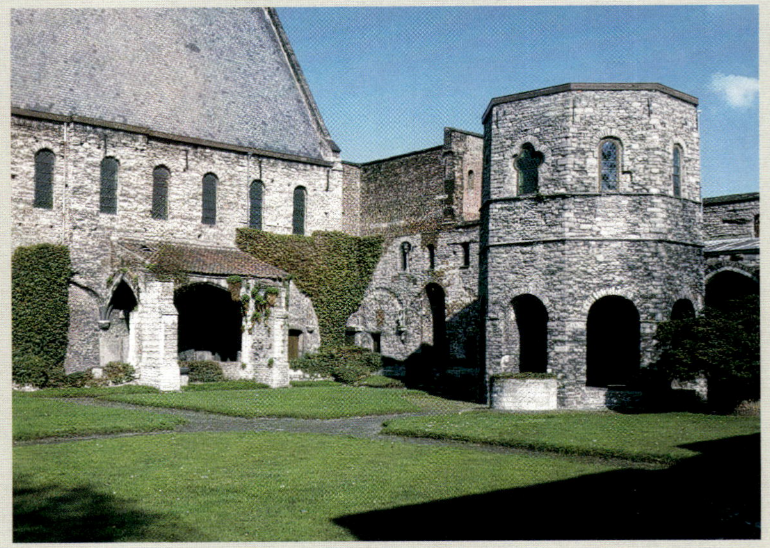

Gent, pandhof met lavatorium in de Sint-Baafsabdij.

De tuin als 15de-eeuwse miniatuur

Het kleine tuintje in Brugge gelegen naast het beroemde Sint-Bonifaciusbrugje, in de schaduw van het koor van de Onze-Lieve-Vrouwkerk, geeft een vertederend beeld van een hofje bij een patriciërswoning aan het eind van de 15de eeuw. Een meesterwoning in empirestijl moest ervoor wijken en nogal wat planten die er groeien zijn pas in de loop van de 19de eeuw uit het Verre Oosten of Noord-Amerika in onze contreien terechtgekomen. Denk maar aan de tranende hartjes, de scheefbloem, het Engels gras, de wilde wingerd. En wat te denken van de moderne klimrozen?
Toch wist de vermaarde Nederlandse landschapsarchitecte Mien Ruys hier in de vroege jaren dertig van de 20ste eeuw, bijgestaan door een gedreven eigenaar en collectioneur van Vlaamse paneelschilderkunst, gestalte te geven aan een van de vroege en meest geslaagde historische evocaties van een laat-middeleeuws patriciërstuintje in de stad, met zijn zeskantige, geprofileerde zandstenen tafel en zodenbank van gemetselde bakstenen met een zitje van gras, zijn verhoogde plantbedden afgezoomd met traditionele kloostermoppen, zijn snoeivormen en zijn allercharmantste gotische waterbekkentje tussen de madeliefjes en boshyacinten.
Hier 'danst' het uiteinde van het dunne waterstraaltje niet op en neer zoals onze fonteinen van vandaag. Zelfs de krachtigste waterpomp heeft een dood draaipunt, waardoor de druk een fractie van een seconde afneemt en de fontein 'danst'. Het waterstraaltje van het waterbekken wordt immers met de kracht van de natuur zelf omhooggestuwd.
De wet van de communicerende vaten was in de late Middeleeuwen genoegzaam bekend. Het waterreservoir staat op de verdieping in het huis.

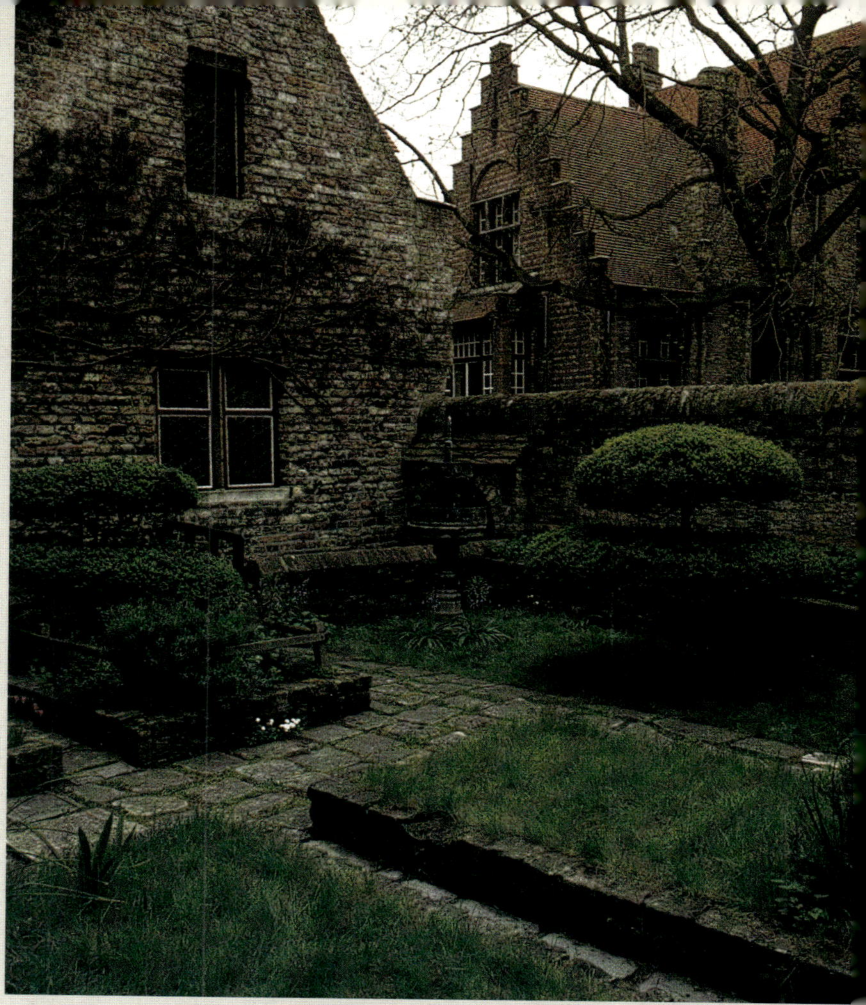

Van hoofse pretparken

Middeleeuwse tuinen waren niet per definitie klein, wel integendeel. Keizer Karel vernietigde niet enkel de Sint-Baafsabdij in Gent, hij maakte ook een van de meest vermaarde middeleeuwse lusthoven van Europa in 1553 met de grond gelijk. Het uitgestrekte 13de-eeuwse domein van Hesdin bij Arras, ooit familiebezit en eeuwenlang centrum van de Europese diplomatie, was

^ Middeleeuws tuintje in Brugge.

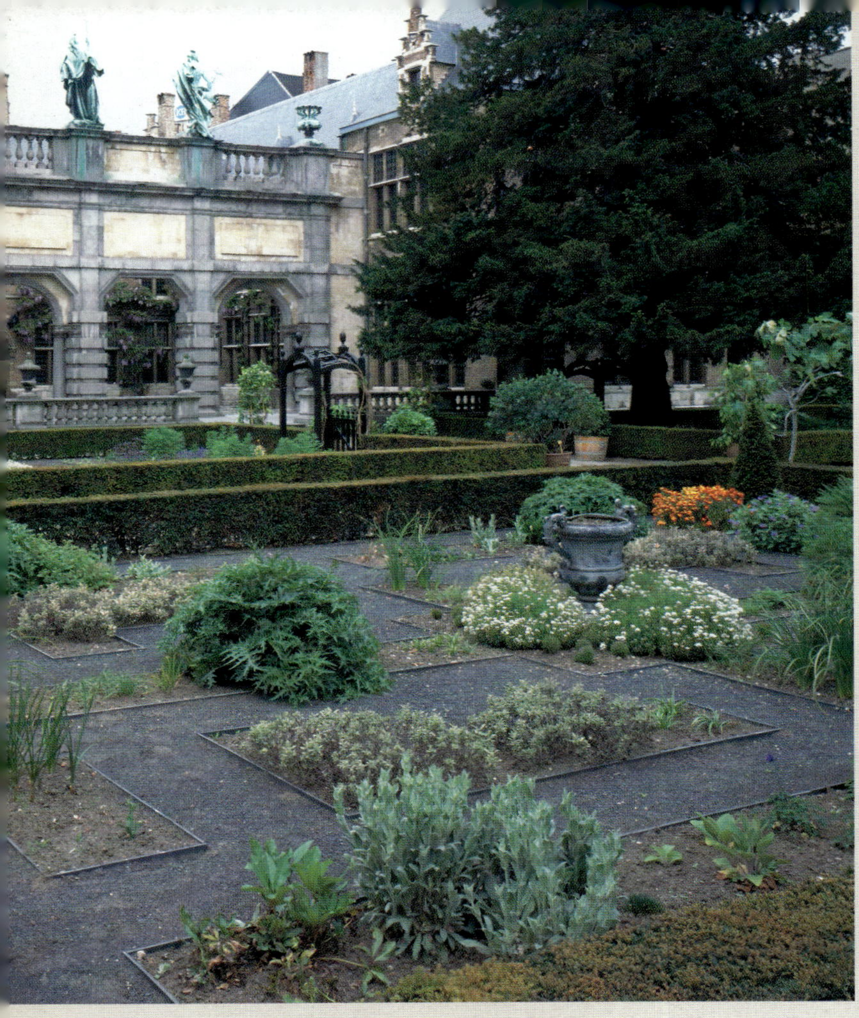

hem een doorn in het oog geworden nadat de Franse kroon er in 1536 andermaal beslag op had weten te leggen. Het uitgestrekte park is sindsdien verdwenen, maar beschrijvingen en rigoureus bijgehouden rekeningen van 1294 tot 1536 bieden een gedetailleerd beeld van het park door de eeuwen heen. Hesdin en het park eromheen, bezongen door de 14de-eeuwse trouvères Adenet le Roy en Guillaume de Machaut, danken hun grandeur en verfijning aan misschien wel de meest hoofse ridder van zijn tijd, graaf Robert II d'Artois, de aanvoerder van het Franse leger die tijdens de Guldensporenslag in 1302 op de Groeninghe kouter sneuvelde. Het park, 140 hectare groot, was geheel ommuurd en telde twaalf toegangspoorten. Het gehucht Grigny moest ervoor wijken en de monniken van Auchy moesten hun manoir in de Marés verlaten. Uitgestrekte bossen wisselden af met vruchtbare landerijen, grazig weiland met bloeiende boomgaarden, heuvels met jachthutten en valleien met fonteinen. Er was wild in overvloed en het vee graasde er vredig: echt een *ferme ornée* (zie verder) avant la lettre! Minstens zo gerenommeerd als het kasteel met zijn bewegende en sprekende dierenkoppen tegen de hoge muren van de ridderzaal was *li paveillon dou Marés,* een houten gebouw op palen in de moerassen van de Ternoise. Want wat het park van Hesdin zo beroemd maakte, waren de *jeux hydroliques* of waterspelen en bovenal de *automatons* of *stratagems,* bewegende en sprekende aapjes. Tot ze vernield werden door de Engelse troepen in 1355, zaten op de brugleuningen van het paviljoen in het moeras zes aapjes die de aankomende bezoekers van ver toeknikten en toewuifden. De houten popjes met beschilderde gezichtjes en vachtjes van dassenhuiden waren operationeel vanaf half september 1299. Ze werden naar aanleiding van het bezoek van de Franse vorstin door de maker zelf, meester Guissin, en twee helpers via eenvoudige houten verbindingsstukken en touwwerk van binnenuit gestuurd. De *stratagems* van Hesdin pasten perfect in de imaginaire ridderwereld, waarin vindingrijkheid en het illusionaire een voorname rol speelden.

Hesdin zette in zowat alles de toon en had wellicht ook de eerste doolhof ten noorden van de Alpen: la Maison de Dédale. *Li petit Paradis* was een besloten bloementuin, die de hoek vormde van het kasteel met de kleine visvijver. Hier kregen de uit Zuid-Europa ingevoerde en kou lijdende blauwe reigers een winterverblijfplaats, waarvan de wanden voorzien waren van warmwaterbuizen. In 1306 kregen de reigers het gezelschap van pauwen en witte zwanen.

^ **Antwerpen, tuin van het Rubenshuis.**

Toen Filips de Goede, hertog van Bourgondië, in 1464 in het bijzijn van de Franse koning een Engelse delegatie van meer dan honderd edelen naar Hesdin uitnodigde om een nieuwe handelsovereenkomst te bekrachtigen, bood hij hun een oogverblindend feestmaal aan. Eetkamers op wielen stonden opgesteld tussen de fonteinen bij het *Paveillon dou Marés*. Het voedsel werd geserveerd in vergulde schalen. Het ontbrak de genodigden aan niets. De kroniekschrijver merkte droog op dat de disgenoten zich alleen beklaagden dat zij niet zoveel monden als vingers hadden om al het lekkers te verorberen. Het banket sloot traditiegetrouw kluchtig af: de bedriegertjes of onzichtbare fonteintjes begonnen olijk water te spuwen, tarwebloem en vogelveren dwarrelden neer uit de plafonds, waarbij de sprekende en bewegende *stratagems* de passanten figuurlijk in hun hemd zetten.
Lusthoven als Hesdin waren de vorstelijke pretparken van hun tijd. Maar het humanisme lonkt.

Un beau jardin *in Antwerpen*

Nicolas Rockox, burgemeester van Antwerpen ten tijde van Rubens, koopt in 1599 een *hoff* van 451 vierkante meter groot met een houten huisje erop in de Nieuwstad in de buurt van de Oude Leeuwenrui. Alle aanzienlijke families van de stad bezitten in die tijd tuinen aan de rand van de stad. In 1603 koopt hij een huis aan de Keizerstraat en tussen 1603 en 1606 laat hij er een binnentuin aanleggen. Geheel in de lijn van het humanisme schaft hij zich bij het huis Plantin een boek aan over tuinaanleg en tuinonderhoud. Hij kiest niet zoals de meeste van zijn stadsgenoten voor de herziene uitgebreide en/of Nederlandstalige versie uit 1582 van Charles Estiennes, *L'agriculture et maison rustique*, maar voor de recentere en rijker geïllustreerde *Le théatre d'agriculture* uit 1600 van Olivier de Serres. Misschien werd zijn keuze ingegeven door Nicolas Claude Fabri de Peiresc, de erudiete Provençaalse edelman en humanist met wie hij decennialang een vriendschappelijke correspondentie over numismatiek en oudheidkunde voerde. In 1609 en in 1610 stuurt de Peiresc planten vanuit Aix-en-Provence naar Rockox. De opmerkelijke kruidachtige en houtachtige gewassen werden in twee blikken dozen in de loop van januari per bode naar Antwerpen gezonden: mastiekboom, steenlinde, aardbeiboom, smak of fluweelboom, aloë, witte hibiscus, storax, oleander en laurustinus, zelfs narcissen met gevulde kelken. Naast de tien oraignie boomen, de twee laurieren en de planten die in alle Antwerpse tuinen groeiden, *genoffels, Affricanen* en *jesuminen,* groeiden er ook tal van keukenkruiden als tijm, bonenkruid, polei, zurkel, peterselie, koriander, munt. Men knipte die tuinkruiden tot lage smalle haagjes omdat men dagelijks verse kruiden in de keuken nodig had.
Haalde Rockox voor het ontwerp van de tuinperken zijn inspiratie bij de Serres of liet hij zich leiden door de tuinprenten in vogelperspectief uit de beroemde *Hortorumreeks* (1583) van Hans Vredeman de Vries?

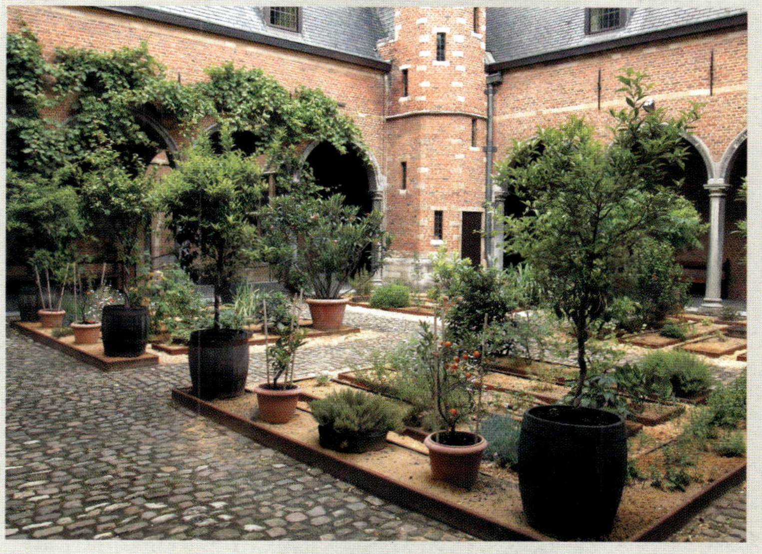

Antwerpen, tuin van het Rockoxhuis.

De tuin van het Rockoxhuis vandaag weerspiegelt de vroeg-17de-eeuwse tijdgeest, de behoefte van de patriciërs aan een *tuin-saleth*, de hang naar exclusieve planten, de vooruitstrevende visie van de humanisten, botanisten en tuinauteurs. De heringerichte tuin geeft de bezoeker een plausibel beeld van wat een *locus amoenus* voor de renaissancemens betekende: een tuin van nut en sier die vrede, rust en troost bracht voor de eigenaar, diens familie en zijn naaste vrienden.

Geometrie versus la belle nature

Ferdinand Marie Charles prins van Lobkowitz-Horin en jongste zoon uit het tweede huwelijk van Ferdinand-Augustus Lobkowitz, kiest voor een comfortabele kerkelijke carrière, want van de erfenis van zijn vader bleef behalve de prinsentitel voor hem niets over. Na een korte periode als bisschop van Namen wordt hij met de hulp van zijn doopmeter, keizerin Maria-Theresia, in 1779 aangesteld als bisschop van het rijke Gent, tot groot ongenoegen van het Sint-Baafskapittel, dat zich in zijn privilegies geschaad achtte. De voortdurende spanningen met het kapittel, zijn geringe interesse voor zijn diocesanen, zijn wereldse levenswandel en zijn openlijke relatie met 'barones' Van der Sarren doen hem al in 1781 uitwijken naar het bisschoppelijke buitenverblijf Rooselaer in Lochristi, dat hij in desolate toestand aantreft. Hij spaart tijd noch geld om het landgoed uit te bouwen tot een volwaardige, vorstelijke residentie met uitgestrekte tuinen naar geometrisch model. De vraag rijst waarom hij nog een tuin met geometrisch grondplan laat aanleggen op een ogenblik dat de landschappelijke tuin de geometrische alom verdrongen heeft? Het antwoord schuilt wellicht in de waangedachte van de man om koste wat het kost het soort van prinselijke bestaan te leiden dat zijn familie hem had ontzegd.

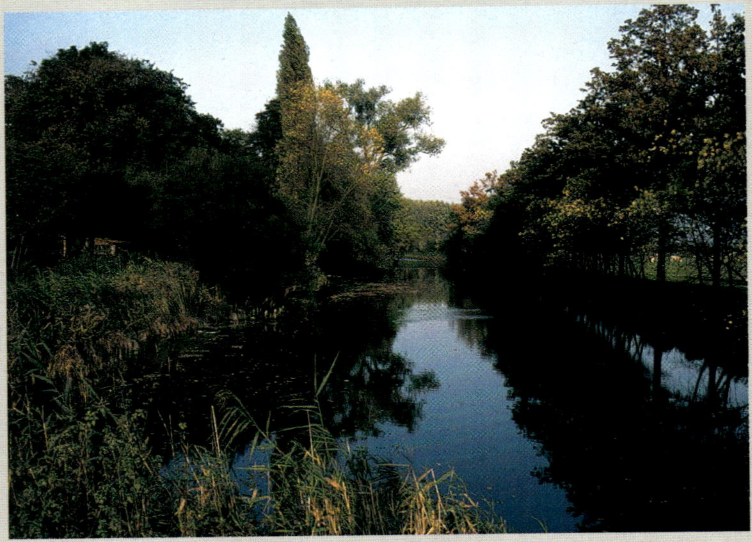

Had Jacques-François Blondel in zijn toonaangevende *Cours d'architecture* (1771-1775) het niet treffend verwoord: 'Tuinen zijn als gebouwen, zij moeten qua stijl overeenkomen met het aanzien van de personen voor wie zij worden gecreëerd. (...) Waar gebrek aan convenance heerst, kan geen waarachtige schoonheid bestaan.' *Convenance* betekent fatsoen, goede smaak. De tuinstijl die het best bij vorsten paste, was de geometrische, want: 'Wij zijn ervan overtuigd dat niets de luister van de verblijven van de groten der aarde beter aankondigt.' Zelfs de meest overtuigde aanhangers van de landschappelijke stijl in het Frankrijk van het laatste kwart van de 18de eeuw waren het erover eens: 'Het zou een inbreuk op de convenance heten om de aard van de prachtige tuinen van Versailles te wijzigen.'
Prins-bisschop Lobkowitz breidt de bestaande tuin uit tot 12.160 vierkante voet. Als basis kiest hij voor een eclectisch plan, van het type dat Charles-Joseph, prins de Ligne in zijn *Coup d'œil sur Belœil* (1781) als encyclopedisch omschreef, waarmee hij bedoelde: het samenbrengen van verschillende stijlen en perioden in één

^ Lochristi, verlandschappelijkt overblijfsel van de Grand Fossé.

tuin. Op Rooselaer trof je inderdaad bloemenparterres aan die refereerden aan de renaissanceperiode van Olivier de Serres, met als pendant een ornamentele moestuin in het zicht van de kasteelvertrekken, een *île et jardin anglois* en een *jardin anglois des sapins*, een monumentale *berceau magique*, een somptueuze lattenkoepel en een gloriëtte op een verheffing, tal van chinoiserieën, beeldhouwwerken, een statig kanaal en vijvers met exotische vissen, een vijgentuin en *planties d'arbres*, waar opbrengsthout in het gelid aangeplant stond.

De prins-bisschop sluit in 1781 een onderhoudscontract af met Arnaut de Vos. Het bepaalt dat de hovenier 'voor de keuken & taffel van syne voornoemde hoogheyt in alle bequaeme tijden sal moeten leveren alle noodsaekelyke groensels ende fruyten die in de hovingen, serren, couchen etc. winnelyk syn op pene dat de gene die door syne faute oft negligentie souden ontbreken, t'syne coste sullen gelevert worden.' Verder dat 'alle de planten ende plantagien gasonaden berceaux, espaliers, pepinieres wallen bosqueen fruytboomen ende andere behoorlyk sullen moeten gesuyvert, gesneden geleyt ende onderhouden moeten worden ook op pene dat indien door de faute oft negligentie van hem de vos oft syne werklieden soude vergaen 't syne coste zullen worden geremplaceerd.' Hij is tevens verantwoordelijk voor de verdelging van 'mollen, rispen ende ander schaedelyk gedierte'. Wel waren het 'scheersel van de haegen, de snoy van de fruytboomen planten en plantsoenen mitsgaeders de garselingen binnen de wallen ten proffyte van den voornoemden de vos'. Toch was de aanblik van de tuin niet zo stijf als het grondplan en het onderhoudscontract doen vermoeden, want de aanplanting van tal van uitheemse bomen en struiken, die zich vrij mochten ontwikkelen, verzachtte de contouren.

Prins-bisschop de Lobkowitz ging ver in zijn waanideeën. Hij lijkt zelfs de hemellichamen te hebben willen beheersen. Een vergulde, stralende zon boven op het pagodedak van een *cabane* op

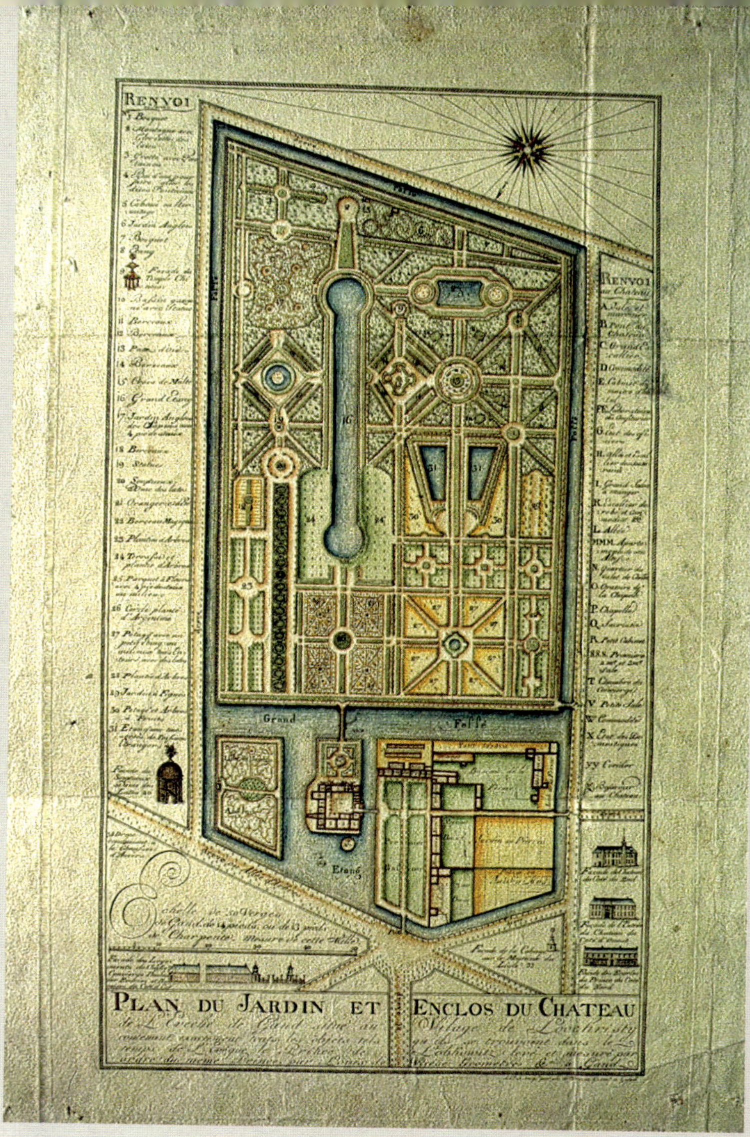

een heuvel in de eilandtuin pal oostelijk georiënteerd ten opzichte van de prinselijke privé-vertrekken, roept het beeld op van de eeuwigdurende dageraad.

De tuinen van Rooselaer betekenden evenwel de zwanenzang van een tuincultuur die gedoemd was te verdwijnen. Vanaf 1787 beginnen de schulden aan leveranciers en vaklui zich op te stapelen. In 1791 worden op vraag van de schuldeisers inboedel,

^ *Plan du Jardin et Enclos du Château de l'Evеché de Gand.*

interieuraankleding en wat los tuinmateriaal samen met de oude en de nieuwe *waeterboot* openbaar verkocht. Enige maanden voor de Lobkowitz sterft, worden de tuinen helemaal ontruimd en de waardevolste planten in *venditie* gebracht. In 1797 ten slotte wordt de ontmantelde site door de republikeinen verkocht voor 94.800 pond. Op de middeleeuwse torentjes na is ook het luisterrijke slot met de grond gelijkgemaakt. Op de primitieve kadasterkaart en de oude stafkaarten zijn de ringgracht, het kanaal en de vijvers nog duidelijk te zien. Vandaag zijn er hier en daar in het landschap nog restanten van te bespeuren.

Het Engelse park van Alden Biesen

Bij zijn aantreden in 1784 kijkt landcommandeur Franz Johann Nepomuk von Reisbach in zuidelijke richting uit op een imposante hoogstamboomgaard op de flank van de Winterberg. Bovenaan prijkt tussen de kruinen van fruitbomen de sierlijke koepel van het Zomerpaviljoen. Tussen februari-maart 1786 en juni 1787 laat hij het Engelse park aanleggen naar een ontwerp van Ghislain Joseph Henry, waarvoor hij 575 gulden neertelt. Het ontwerp bevat een *steenen* Minervatempel, een *annanashuijs* in 155 *melgerblocken en roode steentjes,* twee nieuwe *broije huijsen* (broeikassen), een *grotte van vleese steenen* (silexknollen of veldsteen) bekroond met een ruïne van een Grieks tempelfront, een *reviere gepilotteerd met pilotten* (houten palen), een met stro gedekte stenen *eremytagie* (kluizenaarsverblijf), een met *houten leijen* gedekte *geverfde chinoisische tempel*, met stro gedekte *tartaerse huijsen* en twee houten bruggen. Het water bereikt de rivier via een systeem van *looten buijsen* vanuit de hoger gelegen *trompetters weijde* in de buurt van de Mariapoort. Een gemetseld *canaal* voert het water vanaf de overloop via een vijvertje voor de grot naar de *huijs weijer* (de slotgracht). Allerhande *houdt* en *houdtgewassen,* 1 grote en 93 kleine *palmeboomen* (vrij uitgroeiende buxusstruiken langs de wandelpaden), 29 vrachtwagens populieren, 108 *vremde boomen* uit Mechelen en Maastricht, 200 *mastboomen* (fijnsparren) kosten samen 350 gulden. De eindafrekening van de tuin en de fabriekjes bedraagt – het inzaaien van het centrale grasveld inbegrepen – 16.036 gulden. De sneeuwklokjes zijn een cadeau van het stift in Munsterbilzen. De wandeling langs de rondweg doet alle fabriekjes aan en start bij de knotlindendreef ten westen van het centrale grasveld om te eindigen in een loofgang van haagbeuk aan de oostkant, ter hoogte van de ananaskassen. Nut en sier gingen nog altijd hand in hand, want naast de massale aanplant populieren en fijnspar omvatte het Engelse park een krieken- en een pruimenboomgaard.

Het Engelse park van Alden Biesen is bij natuurliefhebbers bekend om zijn stinsenplanten als sneeuwklokje, voorjaarsadonis, blauwe monnikskap, donkere ooievaarsbek, naast voorjaarsbloeiers als bosanemoon, slanke sleutelbloem, speenkruid en kleine maagdenpalm.

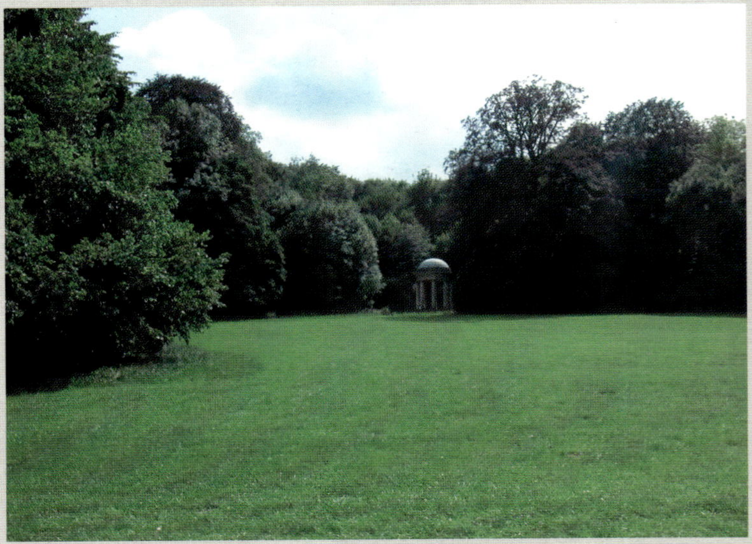

∧ **Bilzen, Landcommanderij Alden Biesen, Engels park.**

Duras, van castrale motte *tot* ferme ornée

Het kasteeldomein van Duras bij Sint-Truiden onderging een van de meest markante ontwikkelingen in de Nederlanden. Tegen het einde van de 18de eeuw ligt nog steeds, te midden van een haast cirkelvormige omwalling en tussen boomgaarden, de aloude feodale site, zetel van de graven van Loon, later de graven van Duras. De omwalde middeleeuwse burcht met voorplein en *castrale* kapel voor de openbare eredienst, het omwalde neerhof met zijn poortgebouw en boerderij en de omwalde vierkante tuin van nut en sier stralen nog steeds de grootsheid, maar tegelijk ook het gebrek aan comfort van het middeleeuwse kasteelleven uit. Het indrukwekkende kasteel met imposante daken was gedurende decennia verwaarloosd en later ook een tijdje onbewoond, zodat de 'Franse franje' van de lokale afkooksels van de Lenôtre-stijl ontbreekt.

In 1791 laat Jean Joseph Philippe graaf van der Noot de feodale site met de grond gelijkmaken en vervangen door een *villa rustica* naar Palladiaans model naar ontwerp van architect Henry. In de geest van het classicisme probeerde men via Palladio's ideeen over de villa en met Vergilius als voorbeeld, architectuur en cultuurlandschap te combineren met economisch nut. Maar ook de invloed van *Le théâtre d'agriculture et mesnage des champs* (1600) van Olivier de Serres is niet te onderschatten. Het werk werd herdrukt tot laat in de 18de eeuw. De kasteelheer voelde zich opnieuw landman, voor wie de schoonheid en de rijkdom van het kasteeldomein niet vertaald werden in de aanleg van een fraai park, maar in de combinatie van rijke gewassen op de omliggende akkers, met fruit beladen boomgaarden langs de toegangsdreef, grazige weiden met gezond vee en bossen vol wild. Alle boerderijfuncties waren ondergebracht in de zijvleugels van het kasteel, achter zuilengalerijen. Het voorplein deed dienst als neerhof.

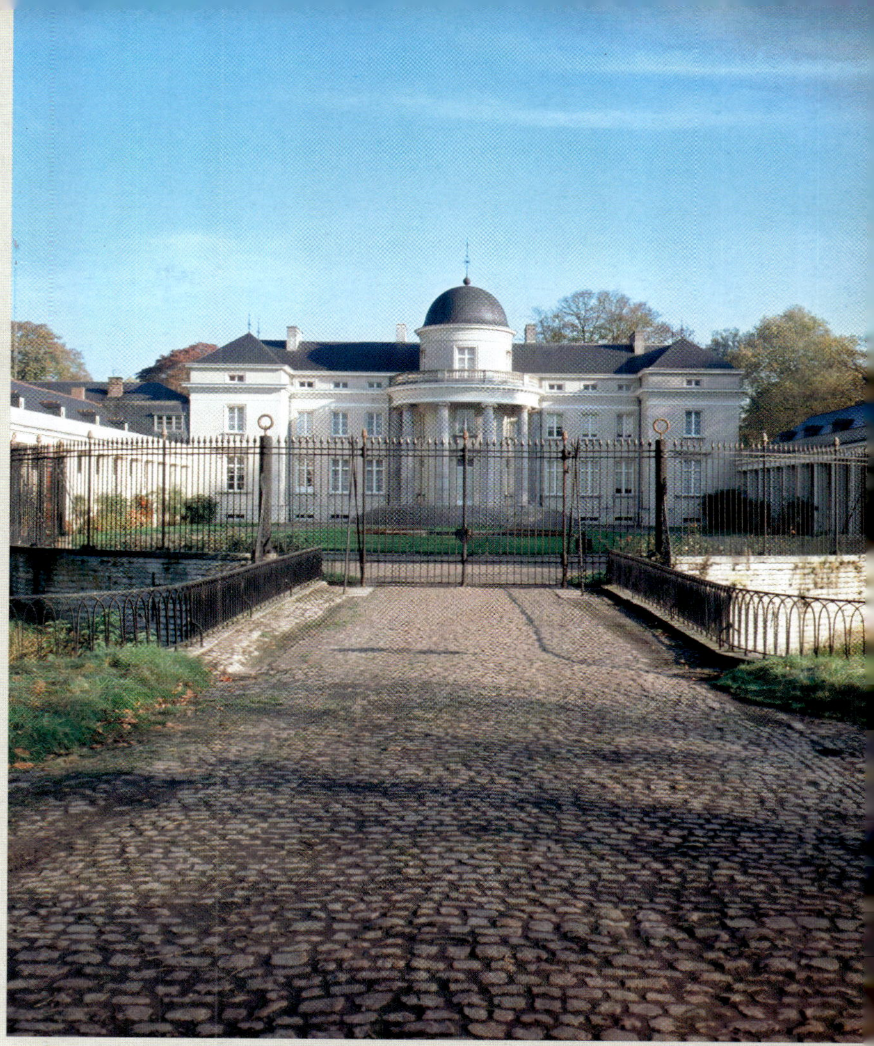

In 1820 konden erfgename Louise en haar tweede echtgenoot Charles Ferdinand d'Oultremont de geur- en insectenhinder van een boerenbedrijf in de onmiddellijke omgeving niet meer harden. Ze lieten wat verderop een nieuwe boerderij bouwen en lieten François Verly een park rond het kasteel ontwerpen. Louise kende hem omdat hij ook het park in landschappelijke stijl van Belœil had aangelegd, dat het ouderlijke domein was van haar eerste man.

^ Sint-Truiden, Kasteeldomein van Duras.

Het stadspark van Antwerpen

Eduard Keilig wordt geboren in 1827 uit een landbouwersgezin in het Saksische Roedgen. Een oogkwaal verhindert dat hij fulltime naar de universiteit kan. Hij combineert zijn studies dan maar met een horticulturele opleiding, met als specialisatie tuinarchitectuur. In 1844 begint hij te werken in het tuinbouwbedrijf Keil in Leipzig en van 1847 tot 1849 werkt hij in het

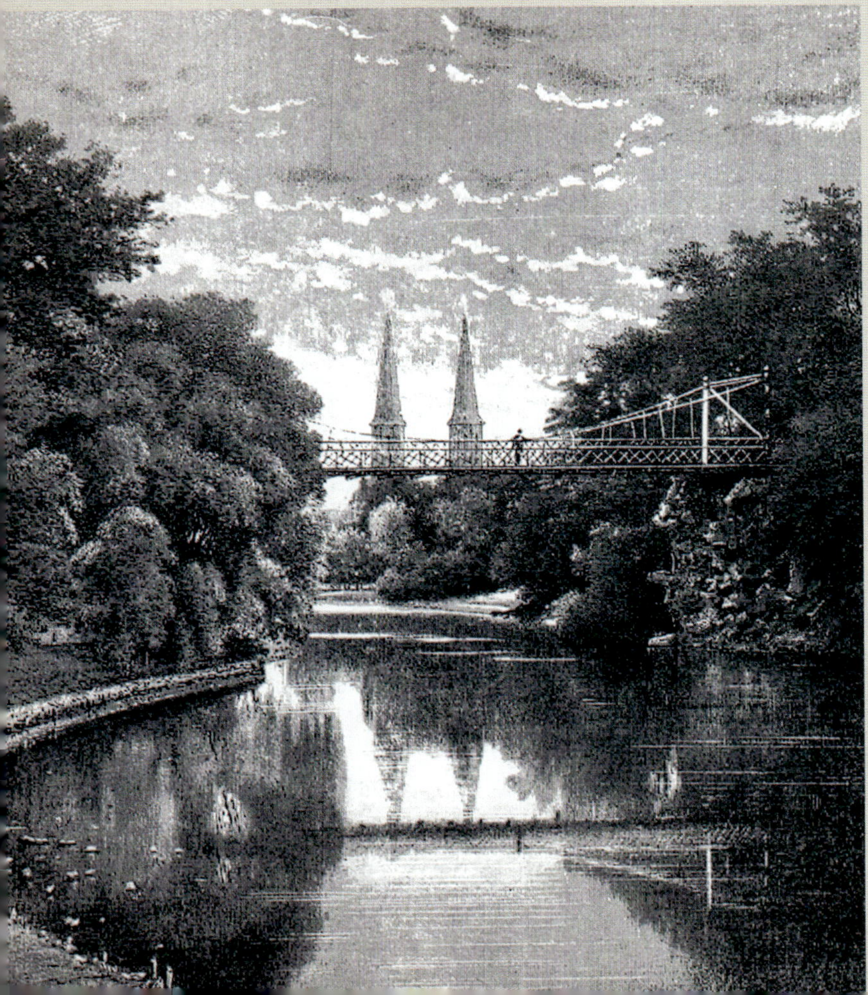

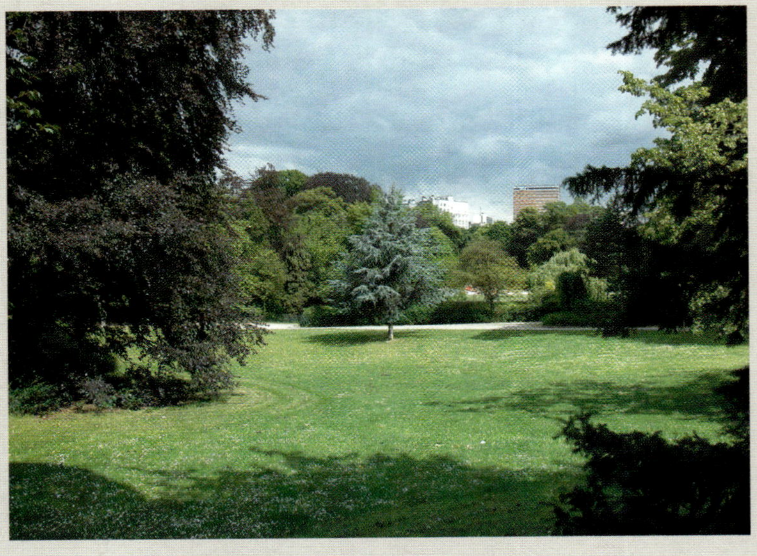

koninklijke park Charlottenburg, waar hij zijn kennis van de tuinarchitectuur kan toetsen aan de recente heraanleg van het park in landschappelijke stijl naar plannen van Joseph Lenné. Tijdens zijn verblijf in Charlottenburg kan hij zich vervolmaken aan de universiteit van Berlijn.

In 1853 komt hij naar Brussel om er te werken in de kwekerij van Jean Linden, wereldbefaamde orchideeënkweker. Via Linden krijgt hij de kans om zich als landschapsarchitect te ontplooien. Hij komt in contact met Charles Petersen, de beste landschapsarchitect in België op dat moment. Hij voert privé-opdrachten uit in heel het land en publiceert in 500 regels in het *Journal d'Anvers* de grote lijnen van zijn opvattingen, naast enkele persoonlijke voorkeuren. Hij zet zich af tegen een niet-beredeneerd gebruik van golvende lijnen en tegen een ongebreidelde plantenvariatie. Hij wordt opgemerkt door koning Leopold II, die hem onder meer opdracht geeft de Louizalaan en de Tervurenlaan in Brussel, de kern van het Maria-Hendrikapark in Oostende en delen van het

E. Putaert, *Le Parc d'Anvers*, 1888.

∧ Antwerpen, stadspark.

koninklijke park van Laken te ontwerpen. Hij doet ook mee aan wedstrijden, die hij nu eens verliest (Parc de la Bouverie in Luik, 1857), dan weer wint (Ter Kamerenbos in Brussel, 1862). Hij wint ook de wedstrijd voor de realisatie van een stadspark op de driehoekige lunet van het voormalige fort Herentals. Keiligs project onderscheidt zich van de andere door de zorgvuldig gekozen zichtassen. In het definitieve ontwerp domineert een langoureuze V-vormige waterpartij die twee zijden van de driehoek volgt. Centraal hoogt Keilig het park op om doorkijken te vermijden en het park groter te laten lijken dan het in werkelijkheid is. Het biedt hem de kans om ter hoogte van een versmalling in de zuidelijke arm van de vijver een monumentale hangbrug te construeren op brughoofden van pittoresk rotswerk. Glooiende grasvelden en deskundig ingeplante bomen- en heestergroepen en -singels vervolledigen het geheel. Het stadspark van Antwerpen is tot op heden een van de fraaiste openbare parken van Vlaanderen.

Le Nouveau Jardin Pittoresque

In 1885 krijgt landschapsarchitect Eduard Keilig van koning Leopold II de opdracht om de vijvers van Vossem in Tervuren, ontworpen door de Fransman Delabarrière, technisch uit te werken en van een beschoeiing te voorzien. Keilig stuurt tijdens de uitvoering van de werken de ontwerptekening bij, na uitputtende discussies met de koning zelf.
Koninklijk archivaris Emile Vandewoude beschrijft ongeveer tachtig jaar later de vijvers als volgt: 'De huidige vijver van Vossem is een van de mooiste van het park. Met zijn brede bocht, zijn bomenmassief aan beide kanten, zijn Italiaanse populieren en naaldbomen, breekt hij als het ware de geometrische rechte lijn van de eerste vijverreeks en vormt een zeer geslaagde overgang tot de Sinte-Geertruivijvers, die een wilder uitzicht behouden hebben.'

In *Twee voordrachten over moderne tuinkunst. Nieuwe vooruitzichten en toekomstige richting* geeft Louis Van der Swaelmen jr. zijn ongezouten mening over de vijver van Vossem, waarvan hij meent dat het ontwerp van de hand van Jules Vacherot is. 'Door tot het vulgaire en "burgerlijke" te vervallen, heeft de Romantische [lees landschappelijke] Tuin alles verloren, wat er nog enigszins het stempel van geestelijke voornaamheid op had gedrukt en slechts het gewrongene, het gekronkelde behouden, dat de Natuur nog meer verafschuwt dan het aangelegde, – in één woord: de "vermicellistijl" of "amorphe (vormloze) stijl". Dit werk doet afbreuk aan het verheven karakter van het oude park van Tervuren bij Brussel, een park, dat oorspronkelijk een gedeelte is van het oude Zoniënbos met zijn indrukwekkende beukengalerijen. Ziehier het bij uitstek karakteristieke type van de lelijke vermicellistijl, tegenwoordig algemeen verbreid en waartoe men, tot steeds groter ontaarding overgaande, kwam, sedert men het denkbeeld van de geordende regelmaat verliet, om zich over te geven aan een onware en hopelooze vervorming van de Natuur.'

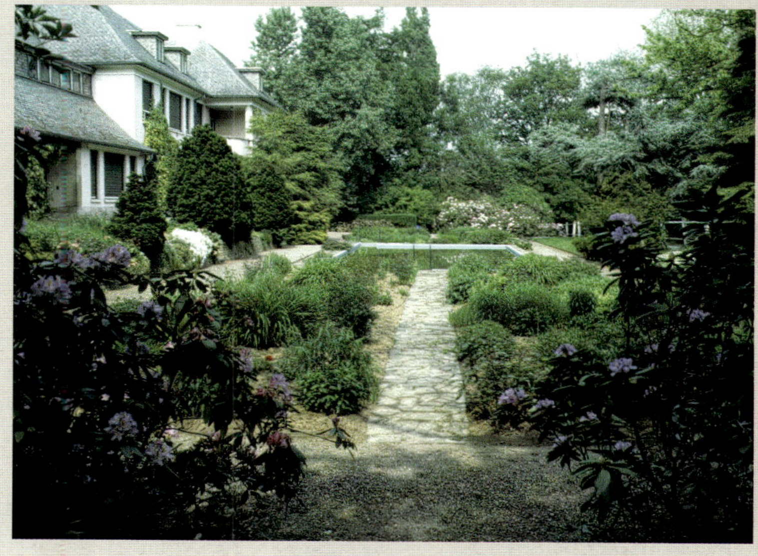

^ Aalst, verdwenen J. Buyssenstuin aan de Parklaan.

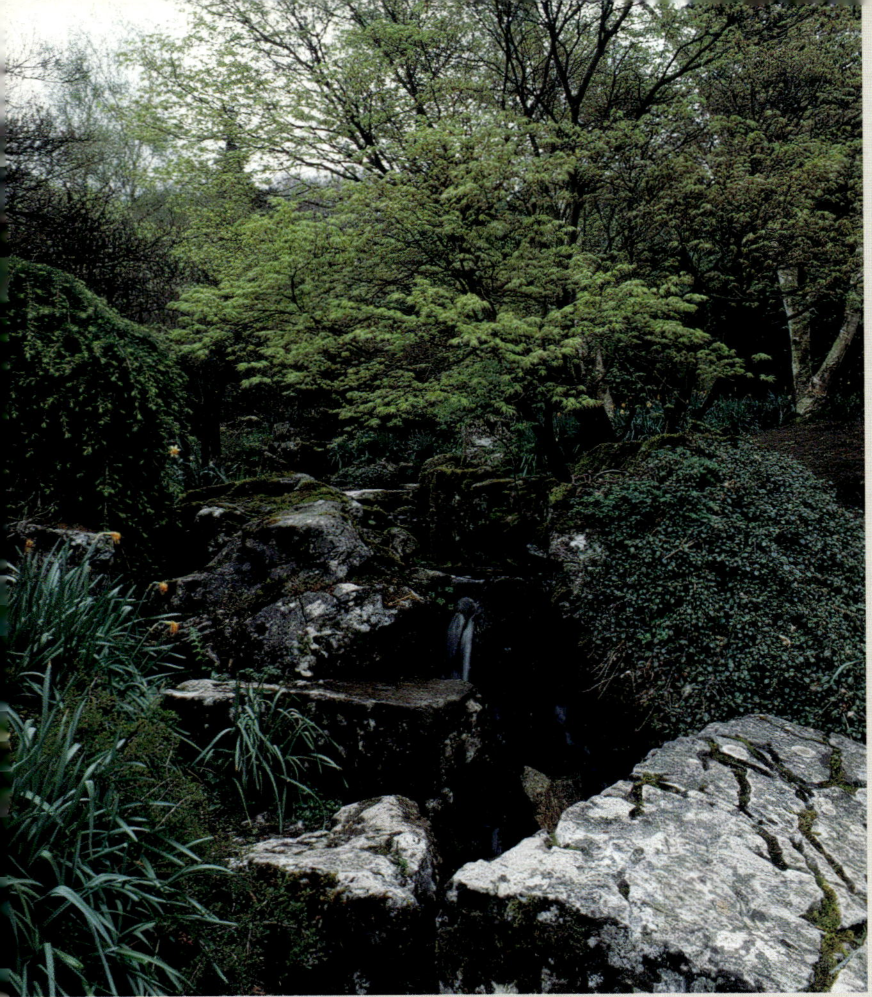

Moderne tuinkunst was de vertaling die Van der Swaelmen bedacht had voor Le Nouveau Jardin Pittoresque. Hij ontwikkelde vijf stellingen om te komen tot een zinvolle tuin. Daarin stelde hij op manifeste wijze dat tuinen moeten beantwoorden aan de eisen van het hedendaagse leven: er moet ruimte vrij worden gemaakt voor groente-, fruit- en bloemenkweek, voor verpozing en voor sport en spel. Voorts moeten tuinen vernuftig in elkaar zitten en meer zijn dan een kleurrijke, impressionistische schildering. De tuin moet voldoen aan de behoefte van onze geest om te ordenen en te organiseren. Tuinen moeten zinnenstrelend zijn en het elementair menselijke gevoel voor het Schone vertolken. Hij lanceerde het thema der verrijkte natuur, afgeleid van de Engelse Wild Garden, waarbij de keuze van de tuinplanten volgens de beginselen van de Biologische Associatie der Gewassen op grond van ethologische gegevens bepaald is. Tuinen moeten zich aanpassen aan de omringende natuur. Het hoofdritme van de compositie moet als het ware spontaan voortkomen uit het grote ritme van de omgeving. In de onregelmatig aangelegde tuin moeten het karakter en het natuurlijke landschap streng geëerbiedigd worden. Alles samen vormen deze stellingen het karakter en niet de stijl.

Waar kwam die aandacht voor de natuur en het landschap vandaan? Had dat enkel te maken met de invloed van de ideeën van plantkundige William Robinson die *The Garden of British Wild Flowers and Trees* promootte 'om de vele verrukkelijke aspecten van de vegetatie recht te doen'. Vanaf het begin van de 20ste eeuw kreeg ene Jean Massart, natuurwetenschapper en voormalig assistent van de wereldvermaarde fysioloog Léo Errera, grote interesse voor de inheemse flora en vegetatie. Hij werd hierin gesteund door Charles Bommer, de invloedrijke dendroloog die de grote arboreta in Tervuren en Groenendaal ontwierp. Wat was de link met het landschap? Charles Bommer had in 1903 een oproep gelanceerd binnen de Belgische Botanische Vereniging om de studie van de Belgische flora op een nieuwe wijze aan te pakken, waarbij hij twee pistes in gedachten had. Hij stelde voor een nieuwe inventarisatie te starten van de Belgische flora, en tegelijk een serie documentaire foto's te maken. Zowel de details als de ruime omgeving moesten zuiver en scherp in beeld worden gebracht om de plantensoorten in hun omringende landschap vast te leggen. Jean Massart nam de fotografie voor zijn rekening en fotografeerde tussen 1904 en 1911 significante plantenaardrijkskundige

∧ **Beersel, alpentuin in het Provinciaal Domein.**

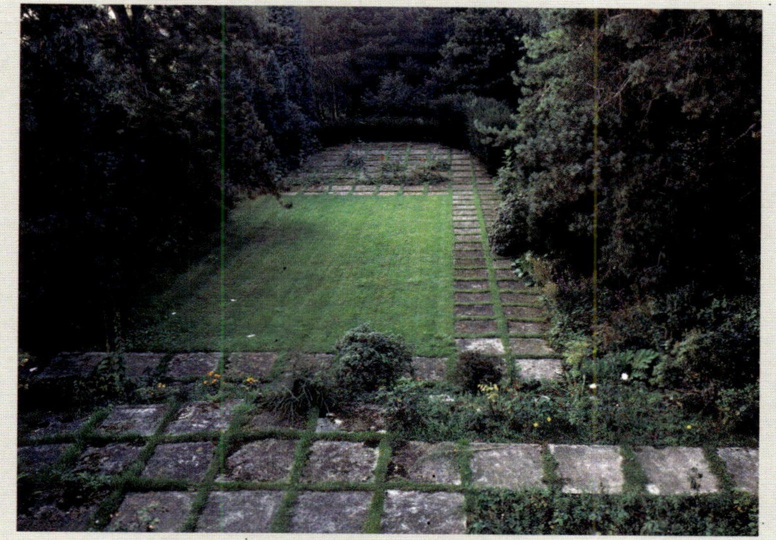

plekken in België: landschappen dus. Van plantensociologie was er op dat ogenblik nog geen sprake en men dacht in termen van geografische plantendistricten. Massart en Bommer waren geen einzelgängers want in Gent hield ook het Kruidkundig Genootschap Dodonea onder de stuwende kracht van de befaamde professor Julius Mac Leod zich bezig met plantengeografie. Een van de vroege leden van het genootschap was Michel Thiery, de Gentse onderwijzer en oprichter van het Schoolmuseum aan het Berouw in Gent. De Gentse plantentuin was eveneens ingedeeld volgens de plantenaardrijkskundige districten.

Maar er kwam ook interesse voor het landschap vanuit een andere hoek. Onder impuls van de Brusselse oud-burgemeester Karel Buls was namelijk in 1909 de Ligue des Amis de la Forêt de Soignes opgericht, ter bescherming van het Zoniënwoud. Onder de leden bevonden zich naast Jean Massart en Charles Bommer ook nog Louis Van der Swaelmen jr., landschapsschilder René Stevens, Ernest Van den Broeck en tuinarchitect Jules Buyssens.

Deze laatste vier behoren tot de oprichters van Le Nouveau Jardin Pittoresque. Deze tuinbeweging zou, ondanks de pogingen vanuit het functionele modernisme met Jean Canneel-Claes en Louis Van der Swaelmen jr., standhouden tot het begin van de jaren zestig van vorige eeuw, tot architectuurinvloeden uit Scandinavië en Duitsland stilaan de bovenhand krijgen. Intussen heeft ook de wegwerpmaatschappij meer en meer terrein gewonnen en creëren producenten een markt voor ersatzproducten, die zowat alles proberen te imiteren behalve het materiaal waaruit zij bestaan. De *locus amoenus* leek verder weg dan ooit. In de tuinen die vandaag de toon zetten, staan traditie en duurzaamheid gelukkig weer hoog in het vaandel en is er weer ruimte voor onthaasting.

In 1977-1978 pakt landschapsarchitect Jacques Wirtz het park Cogels in Schoten bij Antwerpen aan. Het is nooit evident om een privé-tuin te herbestemmen tot openbaar park. Zoals nog steeds gaat de ontwerper ook hier op zijn gevoel af. Met de idee die hij uitwerkt, is hij ver op zijn tijd vooruit: een openbaar park

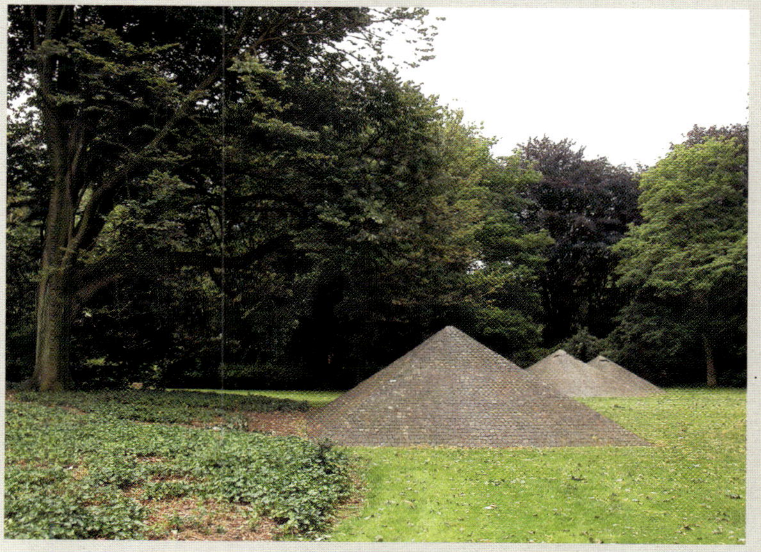

^ Liedekerke, modernistische tuin van J. Canneel-Claes.

Schoten, park Cogels.

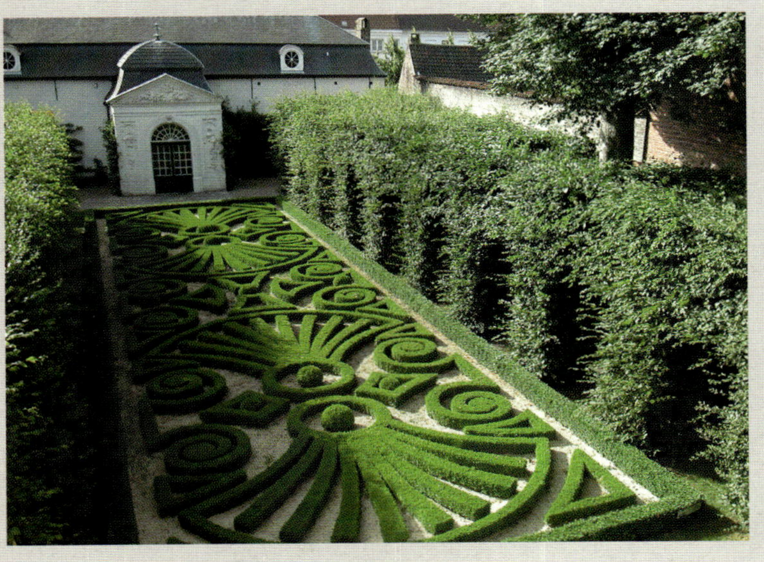

creëren waarin de wijkbewoner de kwaliteiten van privé-tuinen ervaart. Dicht beplante parkranden om de drukte van het stedelijke gebied buiten te sluiten wisselen af met beplantingsmassieven onder de aloude boomkruinen teneinde de bodemverdichting tegen te gaan en de wortelzones te revitaliseren.
Een parkvijver met soepele contouren met tal van breed uitwaaierende waterplanten heeft zijn pendant in de rijke vegetaties langs de uitgestrekte grasvelden. Discreet verholen doorgangen kruiden de vlotte leesbaarheid van het plan. Blikvangers zijn de piramides van blauwe hardstenen kasseitjes. Wisselend in grootte en onderlinge afstand geven zij het park Cogels een ruimtelijk aspect zonder in gratuite effectenjagerij te vervallen. Een plek voor onthaasting in de steeds maar drukker wordende stadsrand.

Landschapsarchitect Paul de Roose opteert in 1995 voor een formele tuinaanleg in 18de-eeuwse stijl bij het gerestaureerde Huis de Halleux in Brugge. De verkommerde 19de-eeuwse tuin in landschappelijke stijl met zijn uitgegroeide beplanting was in te schril contrast komen te staan met het fraai gerestaureerde rococo tuinpaviljoen en de stijlvolle interieurs van het statige herenhuis. Hij tekent in de as van het paviljoen een langgerekt loofwerk in buxus van tweemaal vier achter elkaar geplaatste palmetten, zijdelings opgevuld met voluten en asymmetrische ruiten. Loofgangen van gewone haagbeuk begeleiden het geheel. Voor de achteloze bezoeker lijkt het wel op 18de-eeuws krullenwerk maar een geoefend oog merkt meteen dat de ontwerper geen platte pastiche nastreefde. In de met geschiedenis beladen tuinsite draagt deze ingehouden hedendaagse interpretatie van een traditioneel buxusparterre bij tot de verstilde luister van het Brugge van weleer. De ware *locus amoenus* is niet extravert en luidruchtig.

Landschapsarchitect Erik Dhont verdient met de realisatie van de tuin van het Baljuwhuis in Gaasbeek meteen een stek tussen de zeldzame schare van ontwerpers die er met een op het eerste gezicht vanzelfsprekende eenvoud, maar nooit ondoordacht, in slagen onze eeuwenoude tuintradities te assimileren en op heel eigen(zinnige) wijze te interpreteren en vorm te geven.
Het verzonken labyrint in Gaasbeek heeft een haast schools, vierkant grondplan, met sterke verwijzingen naar de Renaissance. Maar meteen nestelen zich haagbeukmassieven langs en over de rand en buiten het perk als boute dissidenten tussen groepjes zomereiken alvorens over te gaan in parallel golvende haagmassieven op de grens met het omringende landschap. Het labyrint is zoals het hoort traditioneel grafisch gedacht, niet stug of stijf echter, maar geheimzinnig en uitdagend. Zomerse wolken van bloedrode en witte moschatarozen dingen er naar de gunsten van de bezoeker, die zich nochtans licht laat verleiden door de twee monumentale bronzen vazen op blauwe hardstenen sokkels. In het Brabantse Pajottenland is Bruegels toren van Babel niet ver weg.

∧ Brugge, tuin van het Hotel de Halleux.

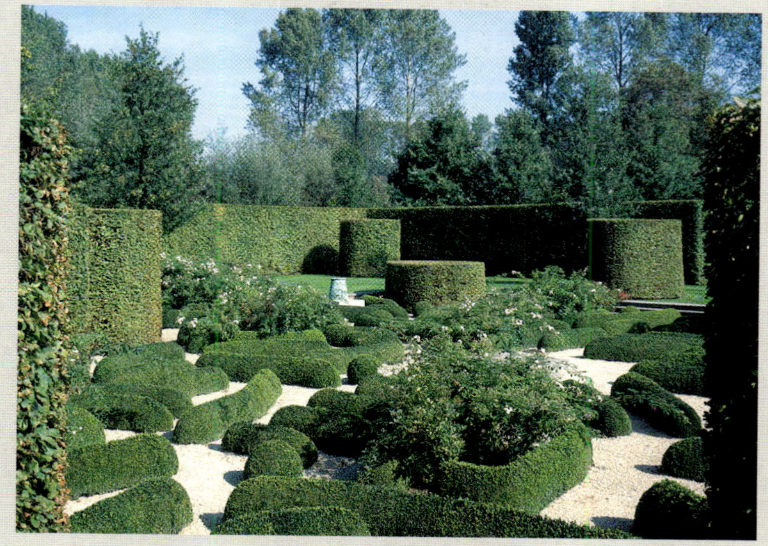

Hier is Olivier de Serres' uitspraak geheel op zijn plaats: *'Le jardinier est appellé l'orfèvre de la terre parce que le jardinier surpasse d'autant plus le simple laboureur que l'orfèvre le commun forgeron.'*

I.ar. Herman-J. van den Bossche,
Vlaams Instituut voor het Onroerend Erfgoed,
Vakafdeling Historische tuinen & parken

BARBIER, H. *Tuin- en landschapsarchitect Eduard Keilig (1827-1895). De ideale landschapstuin als model voor de 19de-eeuwse parken en tuinen*, proefschrift HAIR-Antwerpen, 1985-1986.

DE MAEGD, C. & VAN DEN BOSSCHE, H. *Historische tuinen en parken van Vlaanderen, Provincie Limburg, Deel 1, Gingelom, Halen, Herk-de-Stad Nieuwerkerken, Sint-Truiden*, Brussel, 2003.

DE SERRES, O. *Théâtre et mesnage des champs*, Parijs, 1600.

DESMEDT, J. *De natuur als Assepoester. Leven en werk van Michel Thiery*, Brugge, 1988.

DUQUENNE, X. *Le Bois de la Cambre*, Brussel, 1989.

FABRI, R., LOMBAERDE, P. & VAN DE VELDE, H. *Antwerpen, een originele stadstuin rijker*, Leuven, 2002.

FUHRING, P. ET AL. *De wereld is een tuin. Hans Vredeman de Vries en de tuinkunst van de renaissance*, Gent/Amsterdam, 2002.

HACOPIAN VAN BUREN, A. 'Reality and Literary Romance in the Park of Hesdin' in: *Medieval Gardens*, Dumbarton Oaks, 1986.

JELLICOE, G. EN S. *The Oxford Compagnon to Gardens*, Oxford, 1986.

Journal d'Anvers, 15 september 1855.

ROBINSON, W. *The Wild Garden*, 1987 (herdruk).

VANDEWOUDE, E. 'Leopold II en het domein van Tervuren', in: *Afrika-Tervuren, XV – 1969-2*.

VAN HECKE, L. ET AL. *Landschappen in Vlaanderen vroeger en nu; van groene armoede naar grijze overvloed*, Brussel, 1981.

^ **Lennik, tuin bij het Baljuwhuis.**

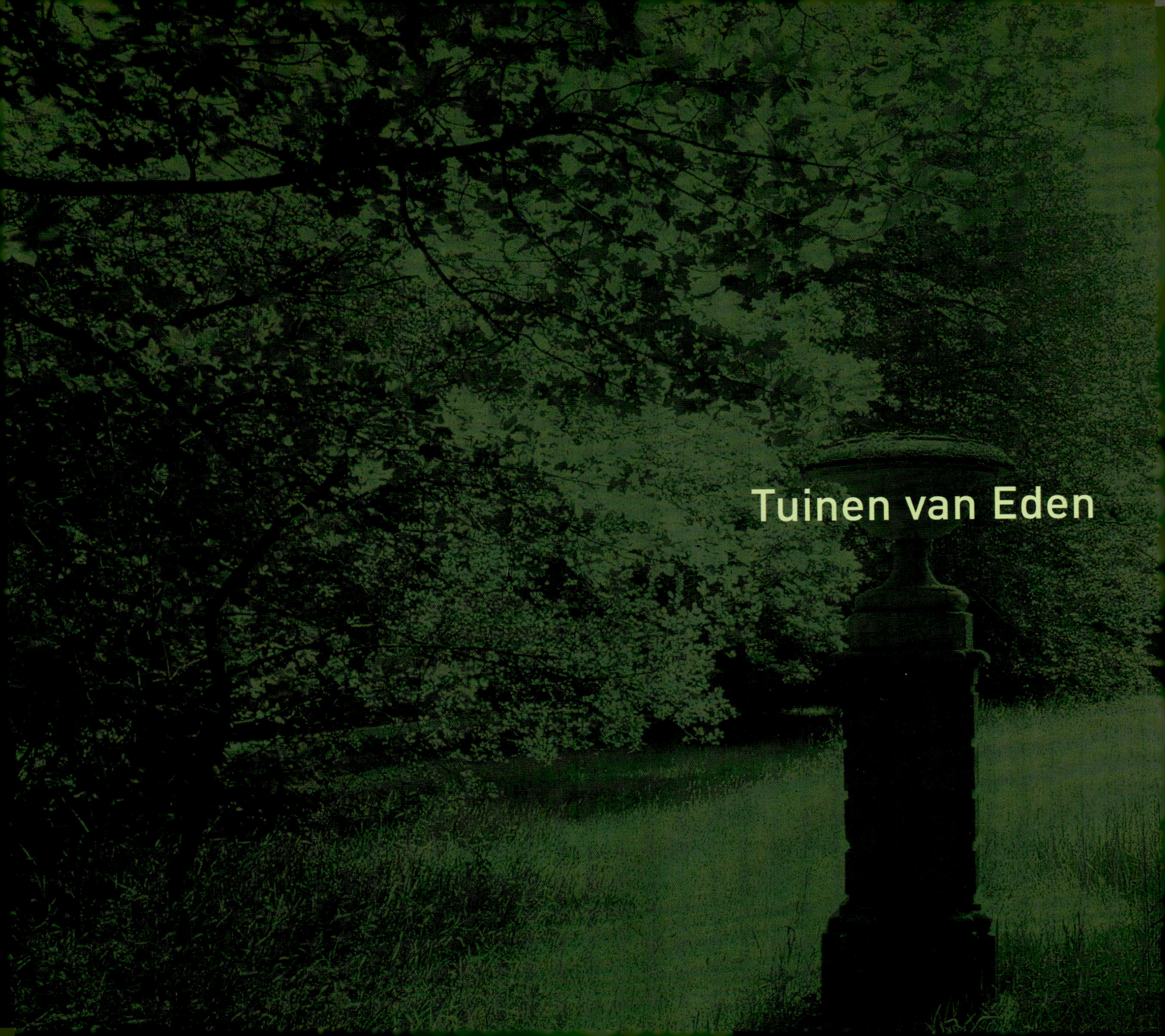
Tuinen van Eden

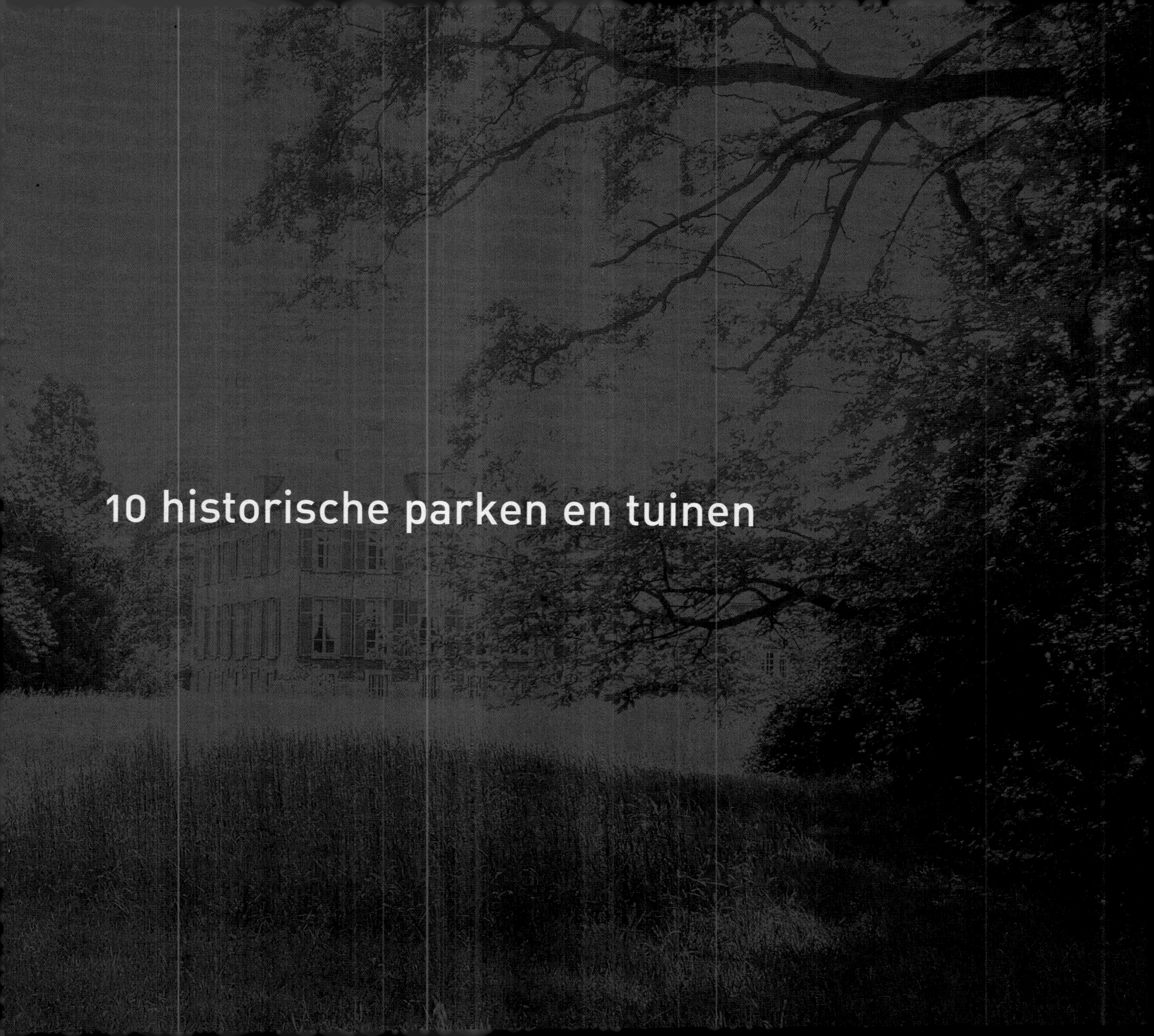
10 historische parken en tuinen

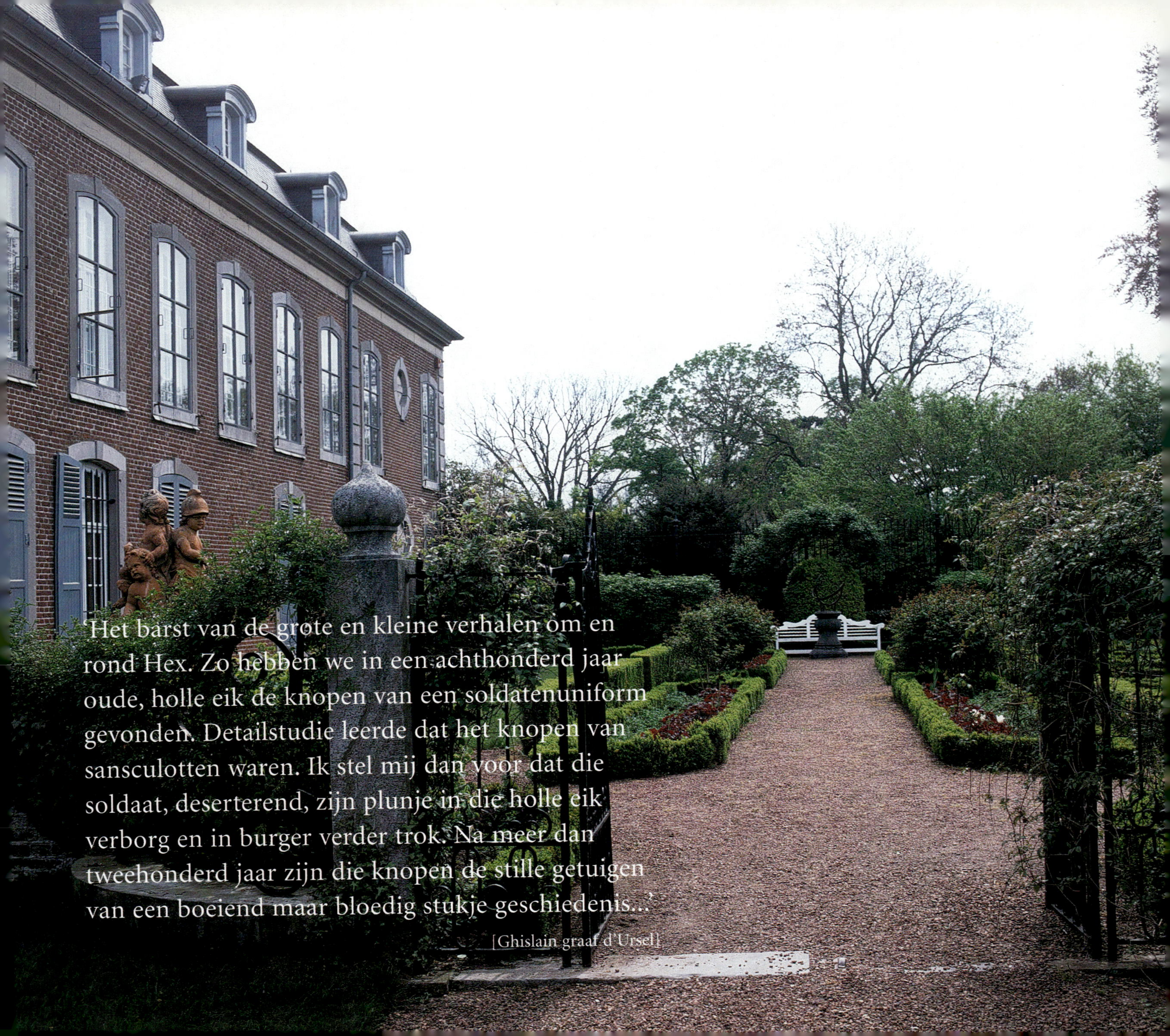

'Het barst van de grote en kleine verhalen om en rond Hex. Zo hebben we in een achthonderd jaar oude, holle eik de knopen van een soldatenuniform gevonden. Detailstudie leerde dat het knopen van sansculotten waren. Ik stel mij dan voor dat die soldaat, deserterend, zijn plunje in die holle eik verborg en in burger verder trok. Na meer dan tweehonderd jaar zijn die knopen de stille getuigen van een boeiend maar bloedig stukje geschiedenis...'

[Ghislain graaf d'Ursel]

Het Domein van Hex

Het landgoed van Hex in Haspengouw was het jacht- en zomerverblijf van Charles-François de Velbrück. Deze prins-bisschop van Luik, humanist, filosoof en politicus liet er in 1770 een jachtpaviljoen in typische Maasbarok optrekken, omgeven door een formele Franse tuin waarrond een 60 hectare groot landschapspark in Engelse stijl werd aangelegd. Het is een van de oudste landschapsparken van het Europese vasteland met glooiende heuvels, weilanden, akkers, boomgaarden en bossen.

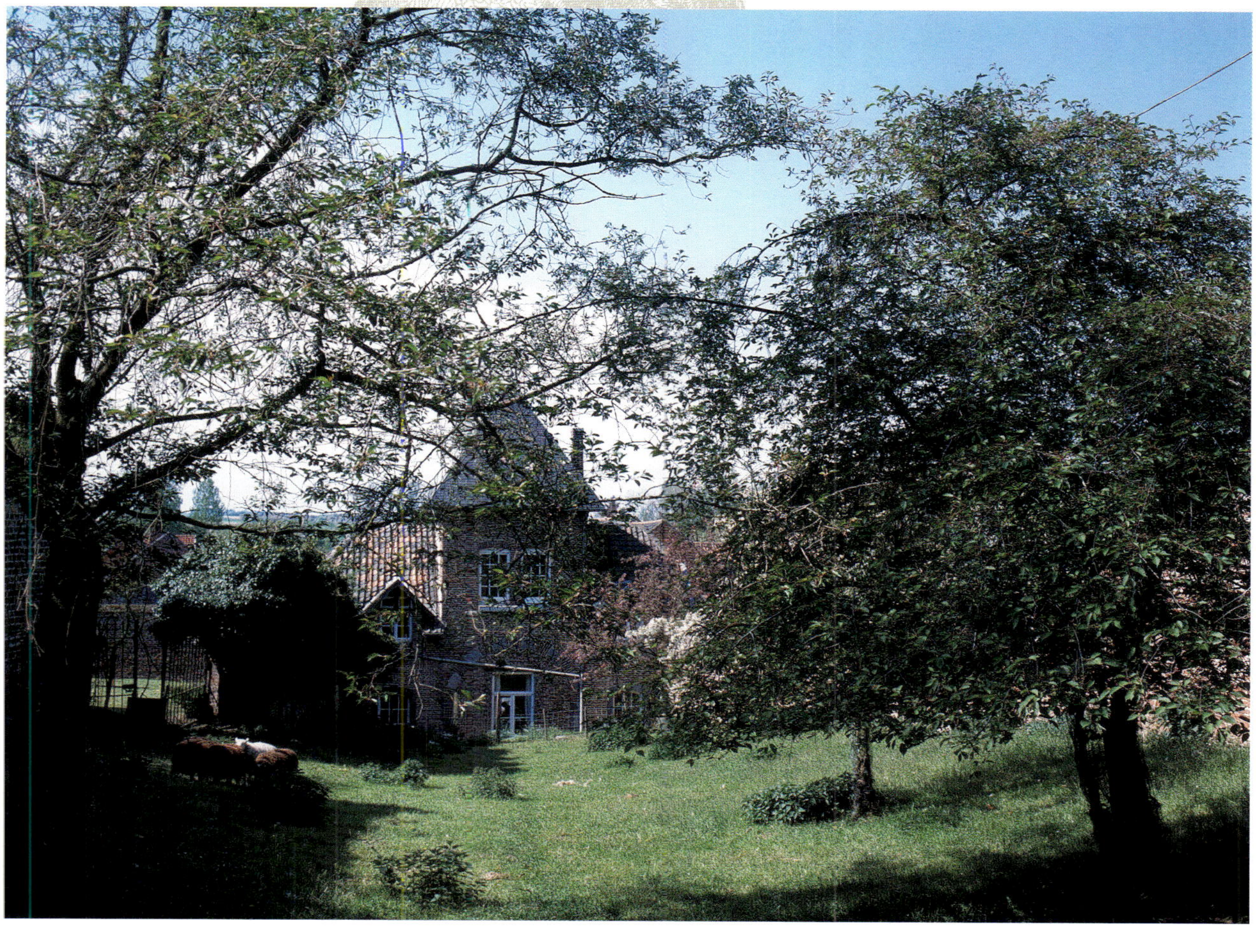

Hex kan bogen op een van de interessantste collecties oude rozen van België. De eerste rozenstruiken werden ingevoerd uit China in de 18de eeuw. Een aantal ervan zijn uniek in België. De overige zijn aangeplant in de 19de en vooral in de 20ste eeuw.

Naast de botanische rozen bevat de collectie ook bijzondere soorten ontstaan door kruising: centifolia-rozen en remontanthybriden, Damascusrozen, gallica's en alba's, trosrozelaars, muskusrozen, wichuraiana's, polyantha's en dwergstruiken als bodembedekkers. Hex telt meer dan duizend soorten en cultuurvariëteiten.

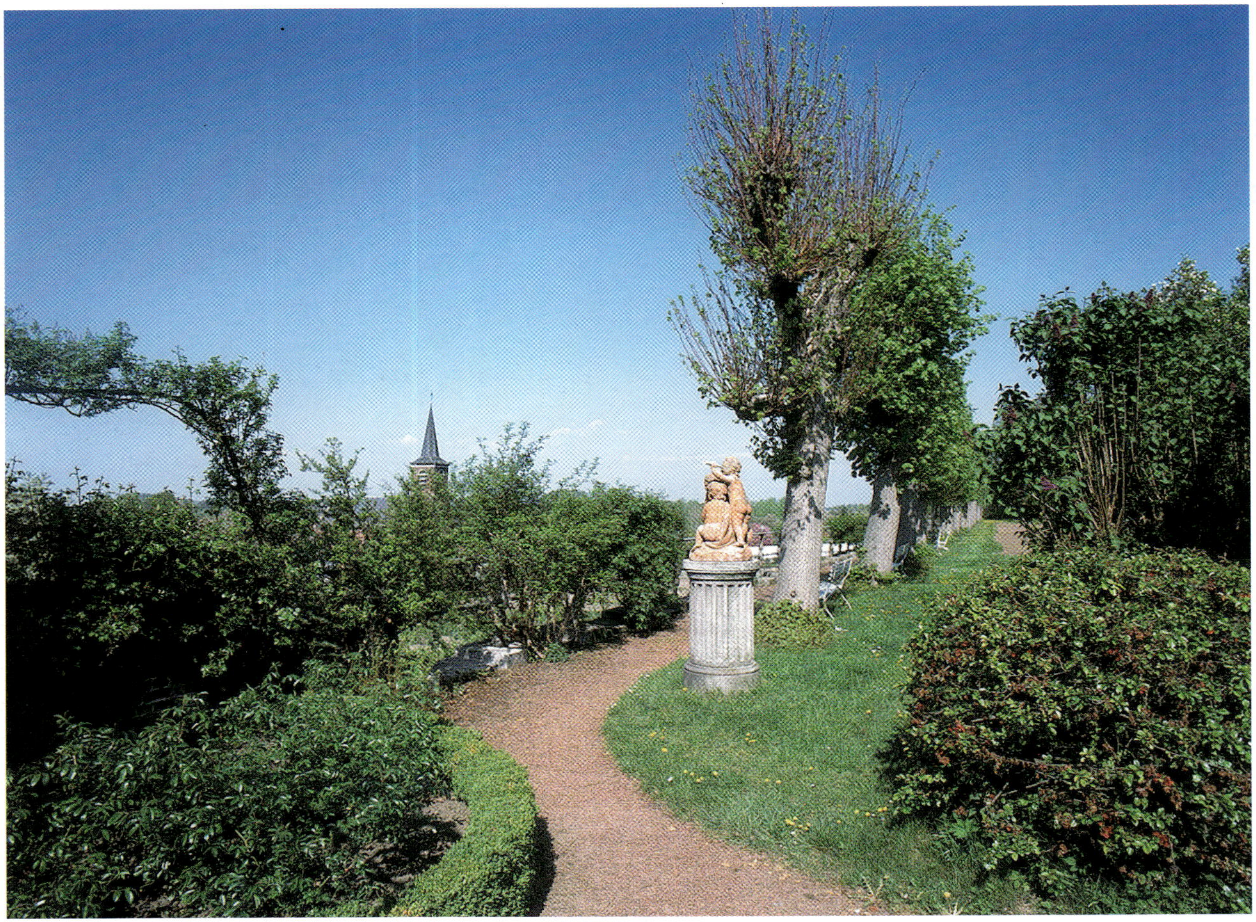

De Franse tuin voor de hoofdingang van het paviljoen had vroeger een patroon van vooral eenjarige bloemperken maar een te hoge onderhoudslast en een veranderde tijdsgeest hebben de voorkeur gegeven aan grasperken met vaste planten en omringd door haagbeuk. Even verderop ligt de ezelsweide, een wild bloementapijt achter een haag van gesnoeide Hollandse lindebomen, met een lemen gebouwtje dat ooit vanuit het dorp naar hier werd verplaatst. De drie terrassen aan de achterzijde van het paviljoen werden in 1990 door landschapsarchitect Jacques Wirtz heraangelegd in een minimalistisch spel van grasperken, buxus, taxushagen en dolomiet.

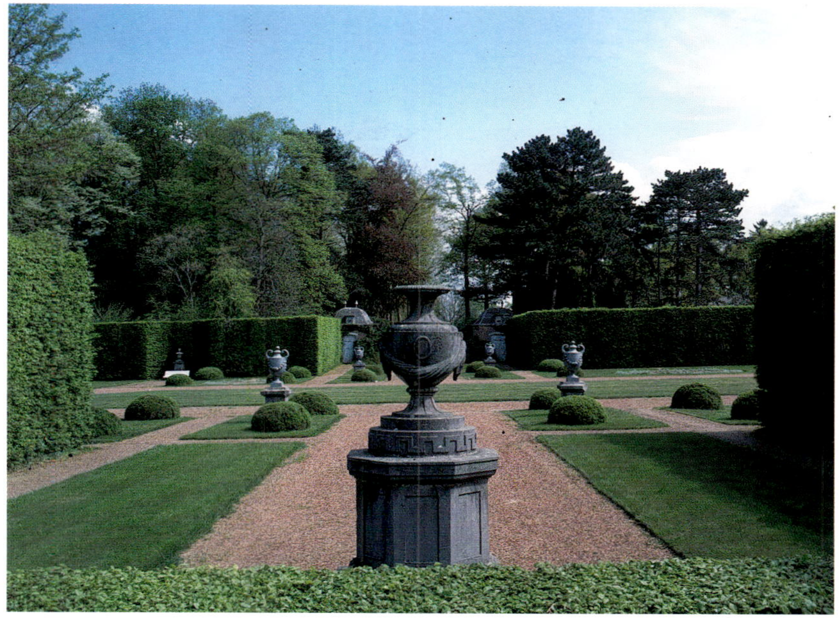

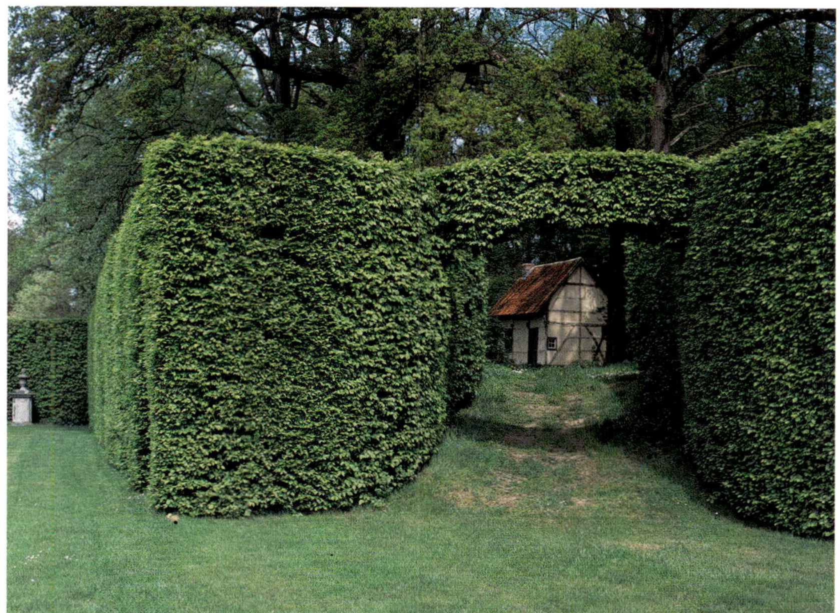

In de Chinese tuin staat tussen een paar bonsais uit 1900 een gebouwtje met een gepolychromeerde houten boeddha, een merkwaardige sculptuur die aan het einde van de 18de eeuw in Luik werd vervaardigd. Van op de wandelweg, langs een 19de-eeuwse giet-ijzeren balustrade met oude klimrozen, kijken we uit over de zuidwest georiënteerde moestuin.

Tegen de tuinmuur groeien leipeer, klimroos en druif. De moestuin dateert uit de 18de eeuw en levert het hele jaar door groente en fruit.
De paden zijn afgezet met buxus en hier en daar werden ze verbreed om de toegang van moderne machinewerktuigen te vergemakkelijken.

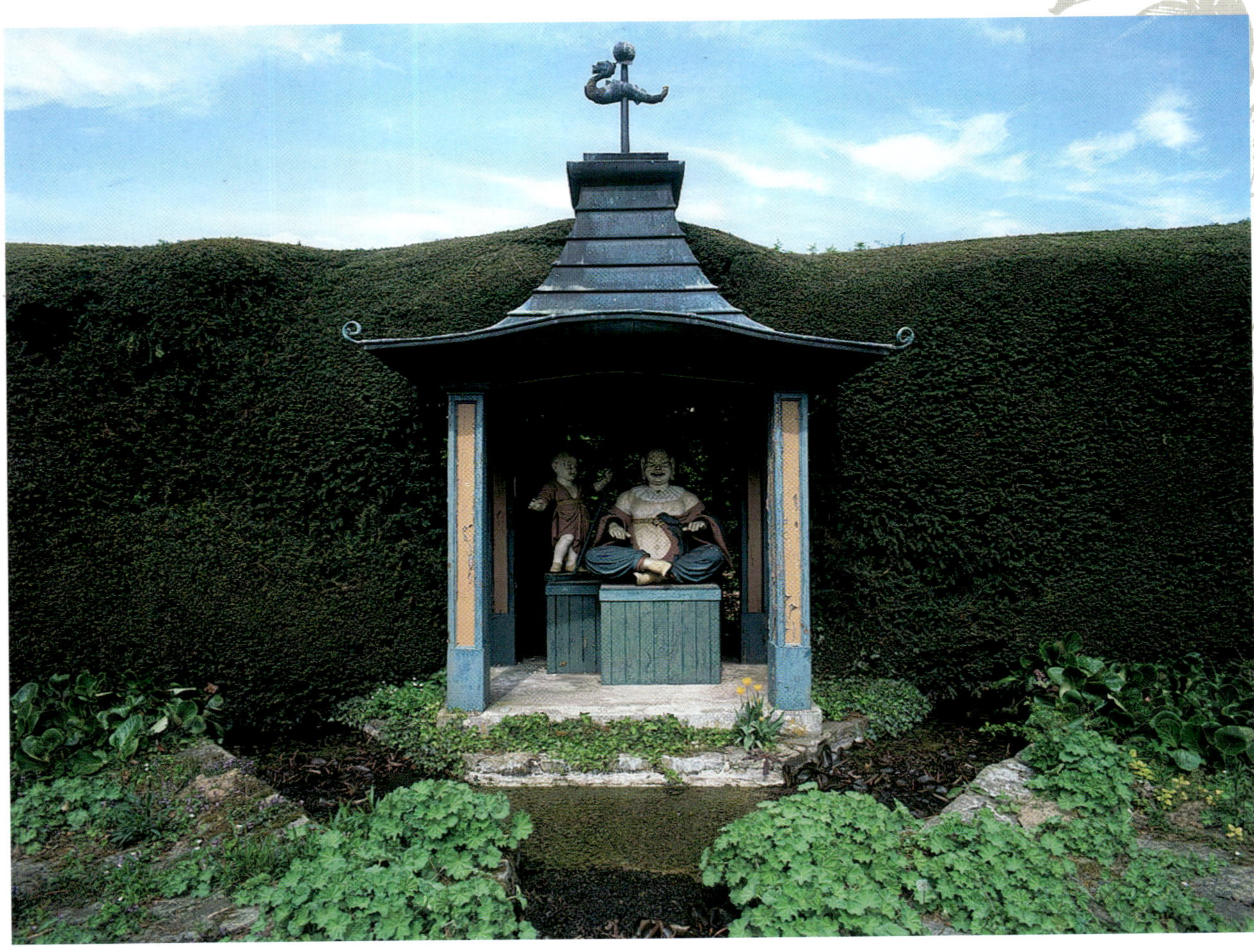

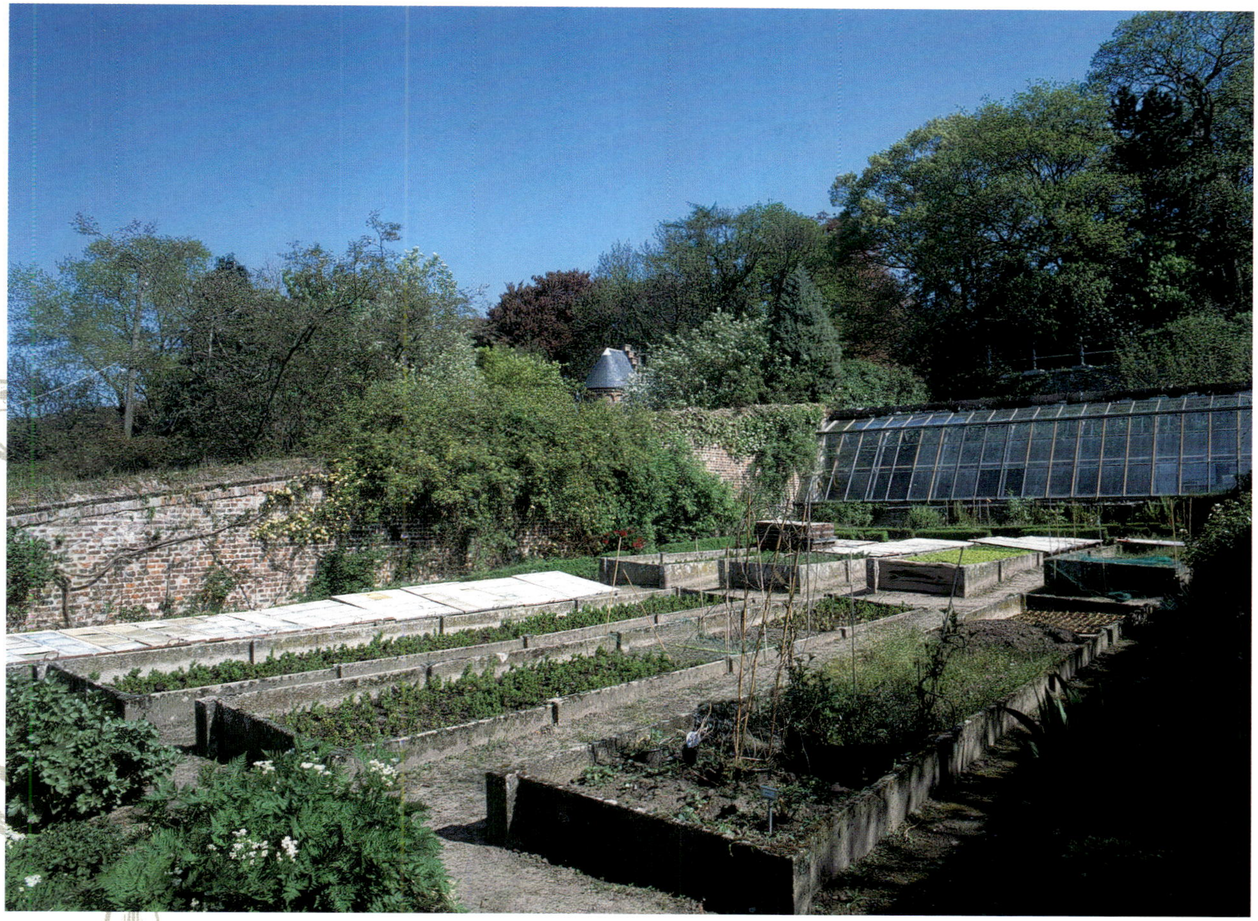

De serre herbergt vijgelaars die elk jaar voor een overvloedige oogst zorgen. Najaarsgroenten worden in de groentekelder in speciaal aangelegde groentebedden herplant om ze verder te laten rijpen en te beschermen tegen vorst en licht.

Het Domein van Hex

Hekslaan, 3870 Heers – Heks
Secretariaat open tijdens de kantooruren
T 012 74 73 41 F 012 47 49 87
www.hex.be gardens@hex.be
Bezoek voor groepen op werkdagen na schriftelijke afspraak.
Open tuindagen en plantenfestivals elk jaar tijdens het tweede weekend van juni (vrijdag, zaterdag en zondag) en het tweede weekend van september (zaterdag en zondag).
Het kasteel is bewoond en niet open voor bezoekers.
OMD: vooraf reserveren, zie *Monumentenmagazine*.

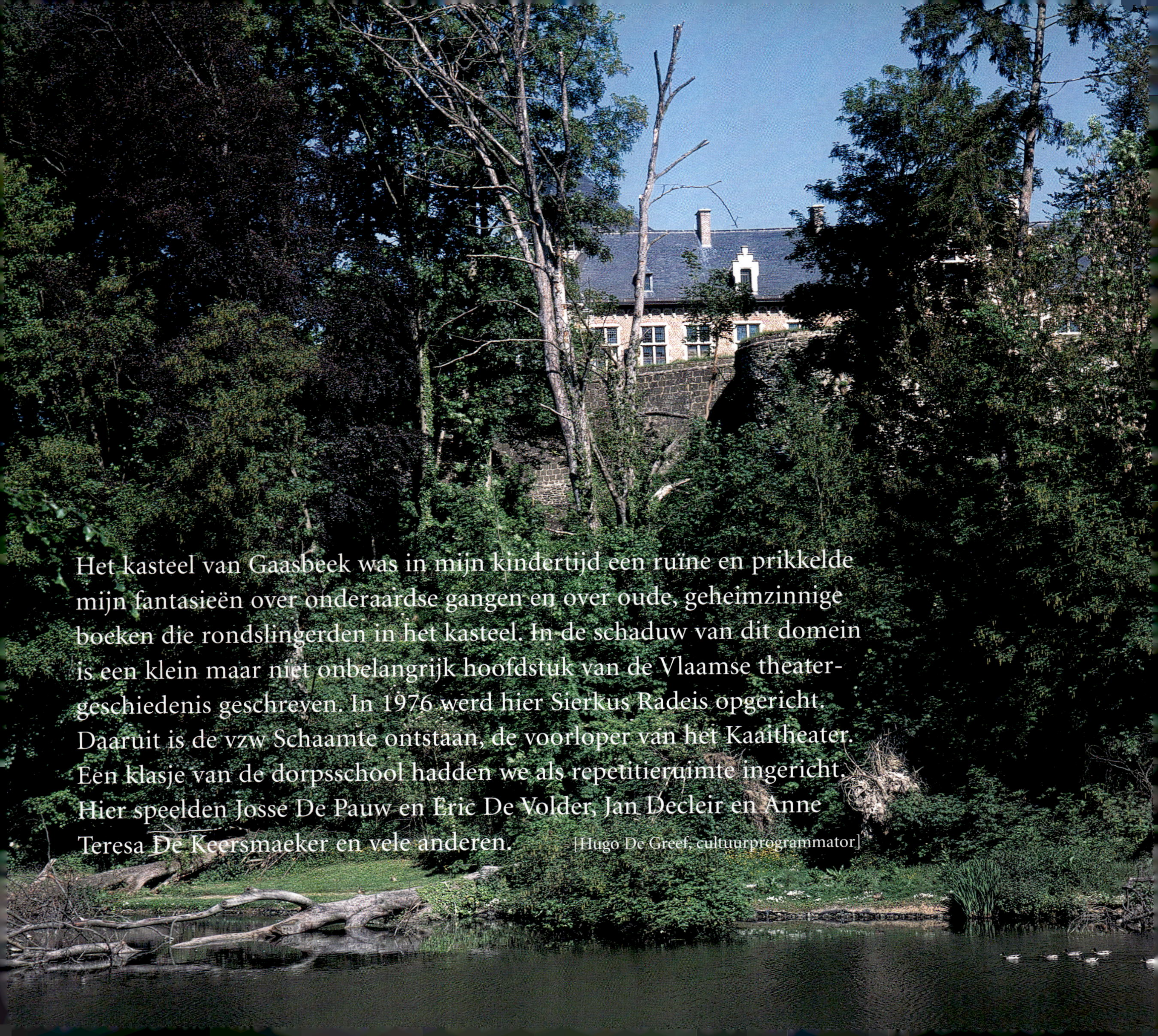

Het kasteel van Gaasbeek was in mijn kindertijd een ruïne en prikkelde mijn fantasieën over onderaardse gangen en over oude, geheimzinnige boeken die rondslingerden in het kasteel. In de schaduw van dit domein is een klein maar niet onbelangrijk hoofdstuk van de Vlaamse theatergeschiedenis geschreven. In 1976 werd hier Sierkus Radeis opgericht. Daaruit is de vzw Schaamte ontstaan, de voorloper van het Kaaitheater. Een klasje van de dorpsschool hadden we als repetitieruimte ingericht. Hier speelden Josse De Pauw en Eric De Volder, Jan Decleir en Anne Teresa De Keersmaeker en vele anderen. [Hugo De Greef, cultuurprogrammator]

Het Kasteel van Gaasbeek

Het park van Gaasbeek en het aanpalende park van Groenenberg liggen in het hartje van het Pajottenland. Het kasteel van Gaasbeek heeft een bewogen geschiedenis achter de rug: aan de oorsprong ligt een middeleeuwse motte die in de 13de eeuw omgebouwd werd tot een stenen burcht. Drie eeuwen later bleef er niet veel meer van over dan een ruïne die door de toenmalige eigenaars, de familie van Horne, in renaissancestijl werd heropgebouwd. Meer dan 30 hectare bos werd in stervorm rond het domein aangelegd.

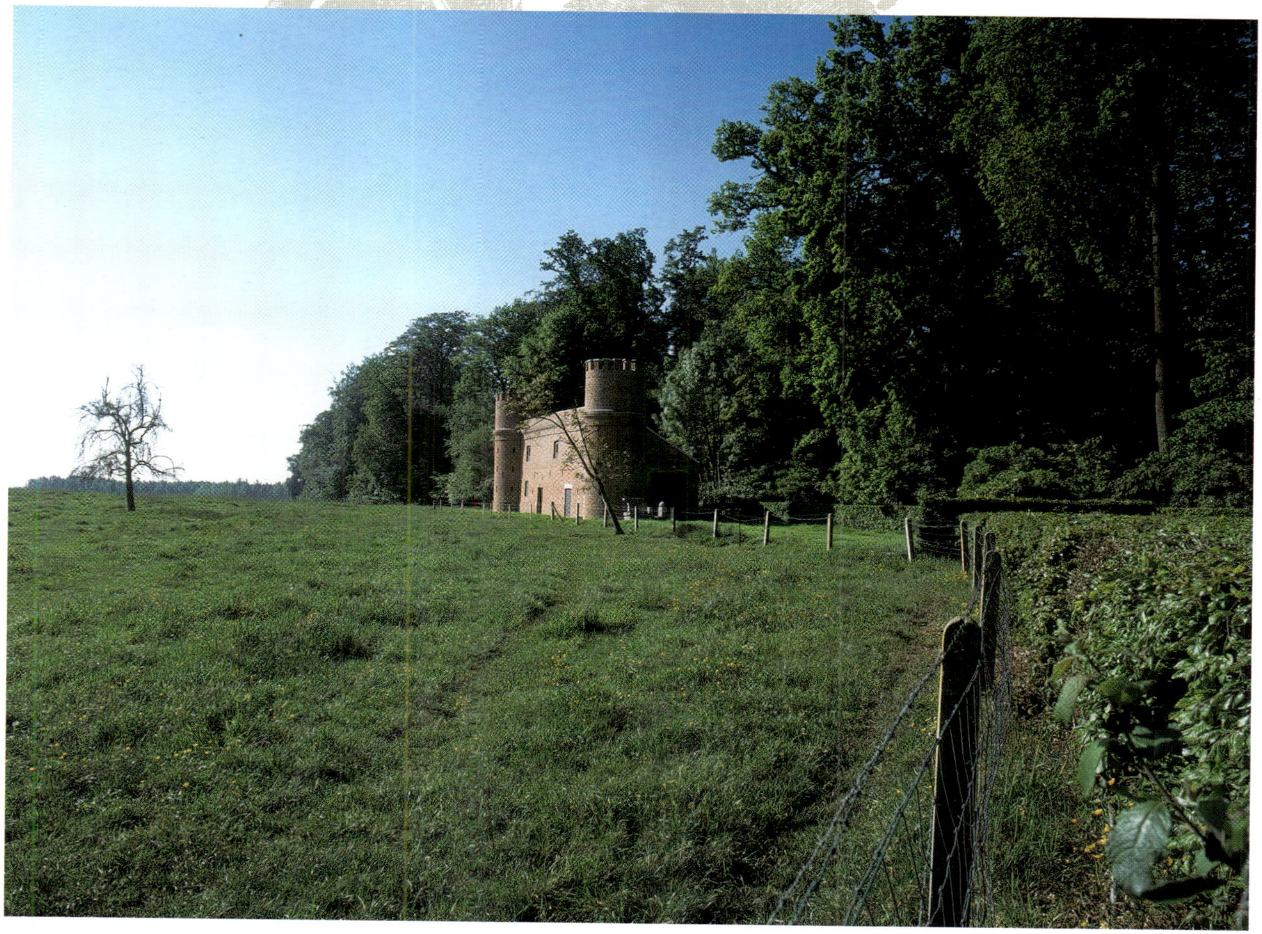

In het bos rechts van het kasteel voorbij de uitgedroogde kasteelgracht staat een van de vele majestueuze beuken met een stamomtrek van 5 meter. In de kruidlaag groeit daslook, bosanemoon, boshyacint en Italiaanse arons-kelk. Op de helling langs het kasteel ligt een wijngaard uit 1350, heraangeplant met chardonnaydruif. De drie kunstmatige, in elkaar overlopende vijvers liggen even verderop. In het bos links op de helling naar het kasteel priemt conifeer tussen gewone beuk en zomereik.
De Lichtensteindreef leidt omhoog naar de triomfboog aan het uiteinde van het park. Deze boog werd in 1830 opgericht door de toenmalige eigenaar markies Paul Arconati Visconti als eerbetoon aan Napoleon omdat deze hem tot burgemeester van Brussel had benoemd.

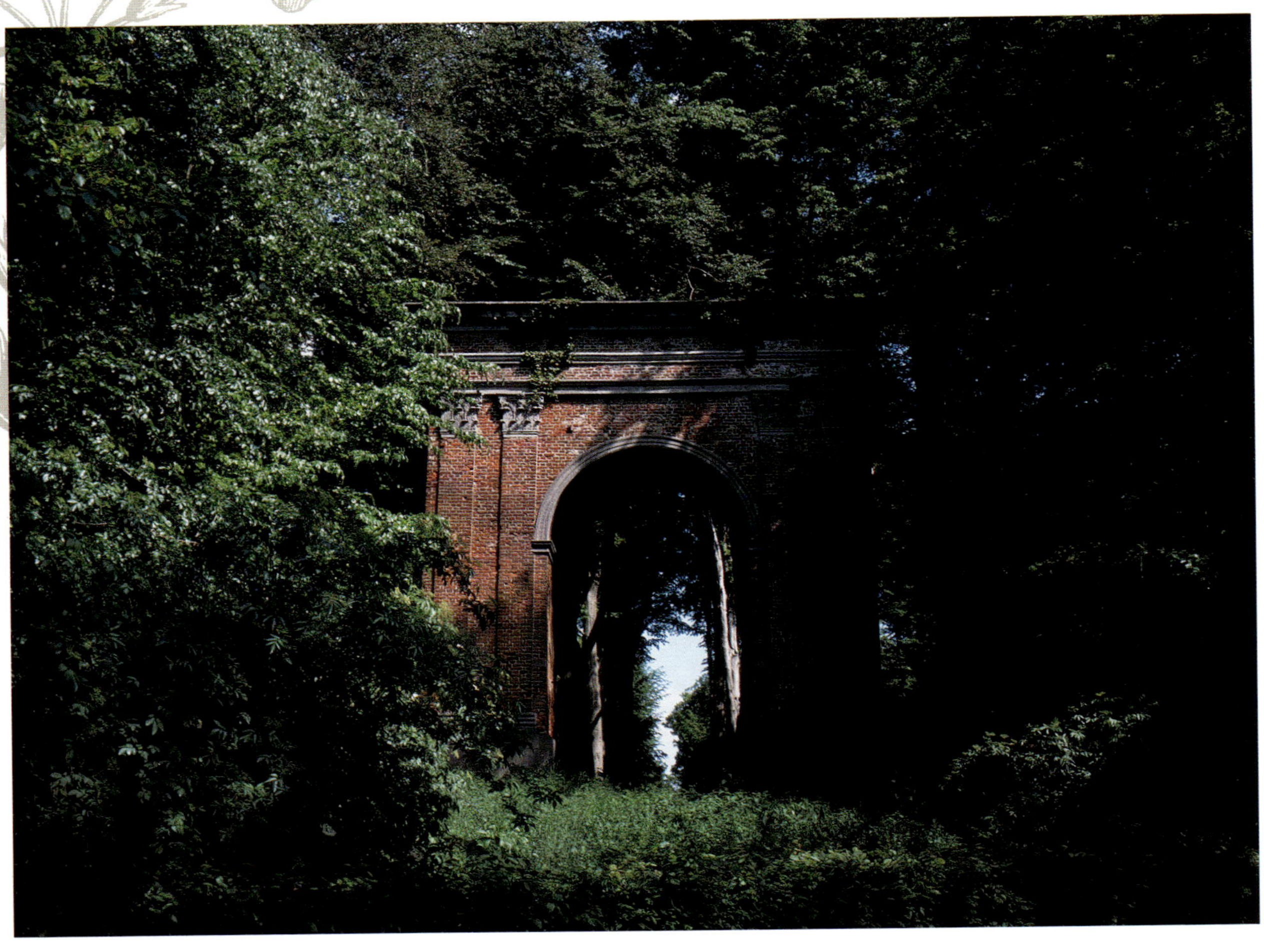

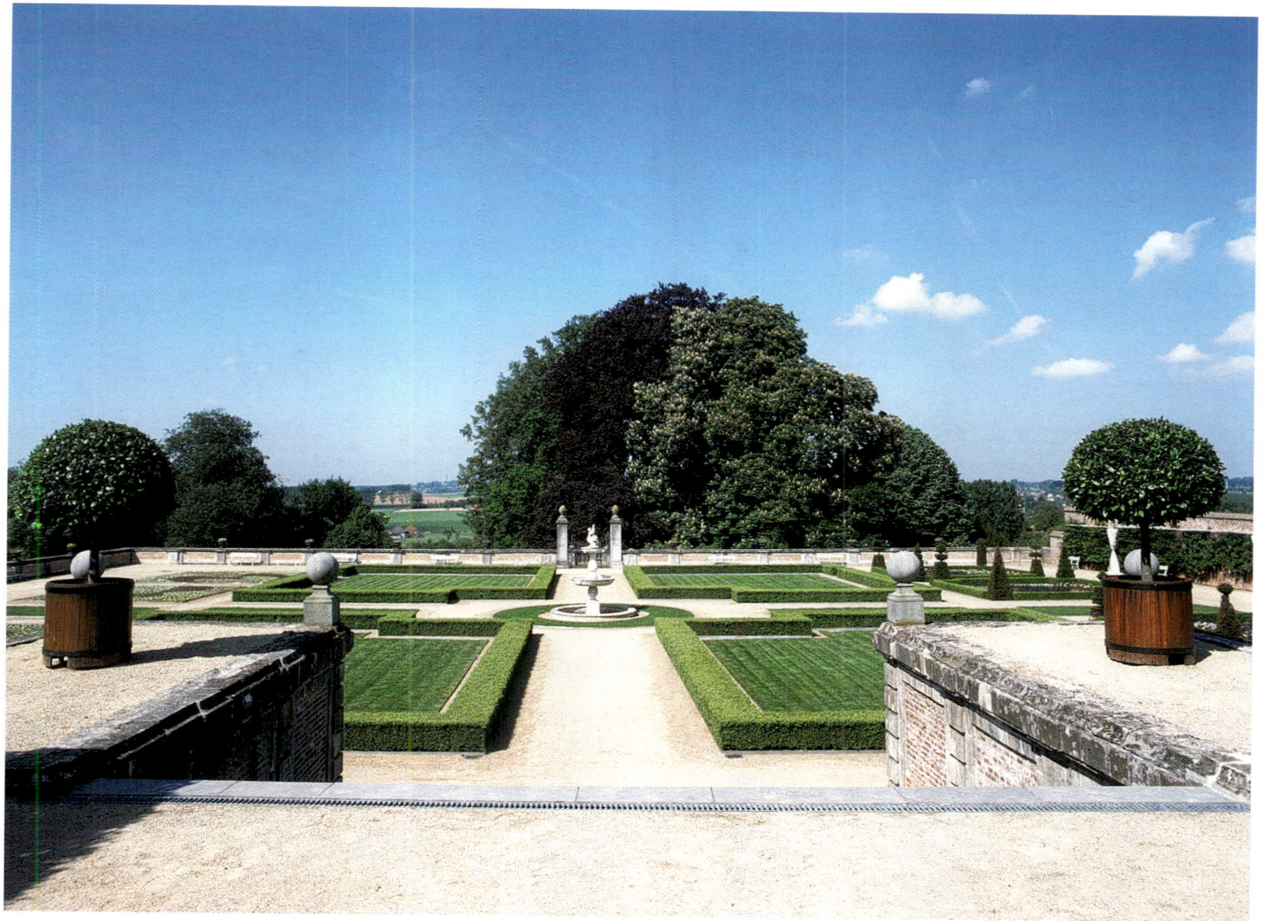

De museumtuin, het paradepaardje van het domein van Gaasbeek, bestaat uit vier grote en twee kleinere delen. Er is de pruimenboomgaard, de fruittuin, de moestuin en de siertuin.
Tussen de moestuin en de siertuin ligt de smallere oranjerietuin en bij de ingang van de museumtuin bevindt zich een kleinere schaduwtuin. Deze laat-19de-eeuwse kasteeltuin is een van de laatste getuigen van ons Vlaamse tuinbouwkundige erfgoed. De pruimenboomgaard telt 49 variëteiten. Deze halfstammige fruitbomen zijn een traditionele specialiteit van het Pajottenland en kwamen vroeger voor in boerderijtuinen. De pruimen werden als zoetstof gebruikt in bereidingen. De halfstam-boomgaard was het domein van de boerin omdat zij zorgde voor het kleinvee dat er rondliep.

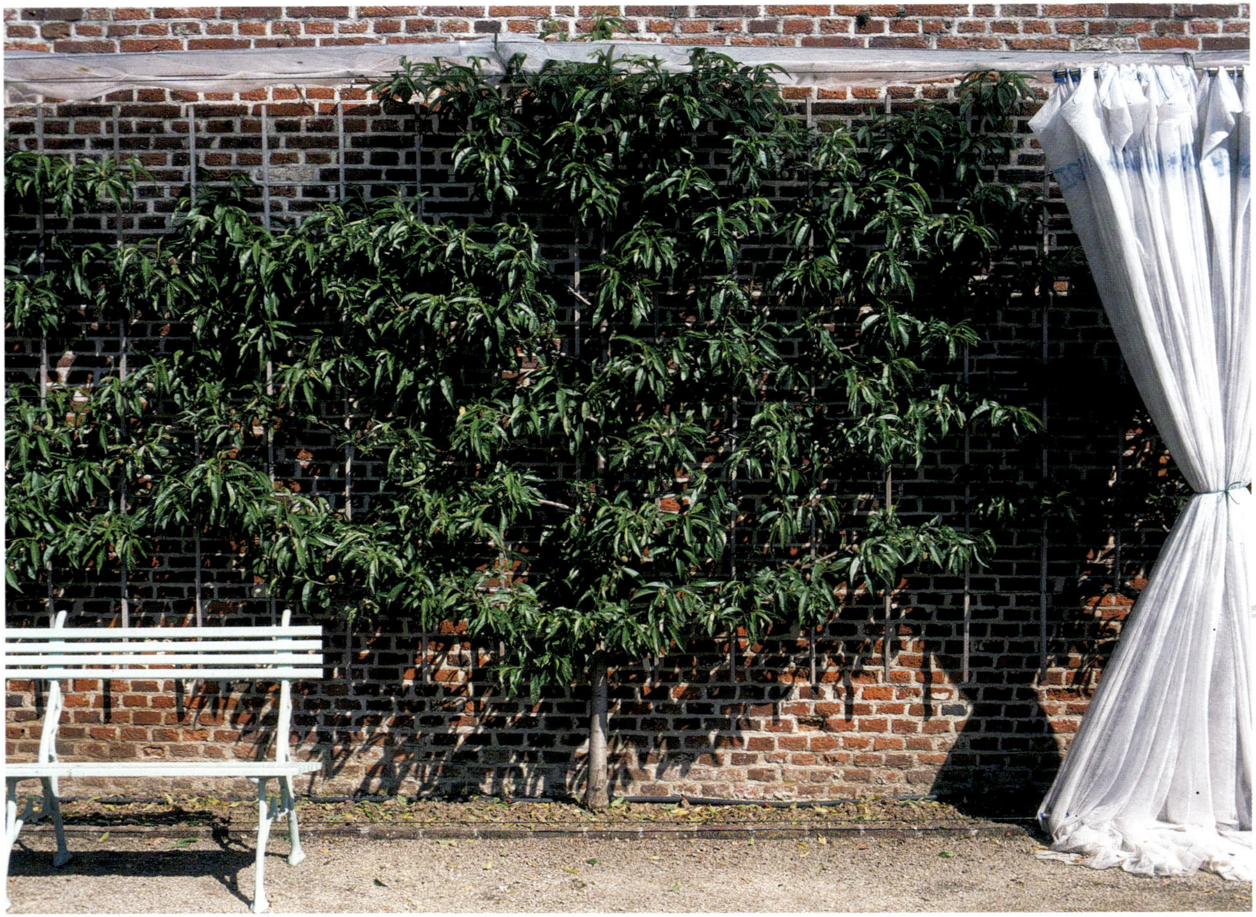

De fruittuin lijkt de Hof van Eden wel: appel, peer, kruisbes (op stam!), druif, rode en witte aalbes, rode en witte framboos, doornloze braam, noordkriek, kers en hazelnoot, lambertsnoot, amandel, kweepeer en mispel bloeien er wellustig. De prachtige snoeivormen garanderen een grote opbrengst op een kleine oppervlakte. Hier worden snoeitechnieken toegepast die bijna 150 jaar oud zijn en geïntroduceerd werden door een aantal Vlaamse pioniers die met hun 'beredeneerde snoei' en hun bijzondere leivormen wereldfaam genoten.

De reconstructie van dergelijke laat-19de-eeuwse tuin houdt zo een stukje ongekend erfgoed, de Vlaamse hovenierskunst, in leven.
Een kruisvormig pad verdeelt de moestuin in vier gelijke delen die op hun beurt uit vier vakken bestaan. Dat is mooi maar ook functioneel: elk type groente verhuist jaarlijks naar een ander perk en komt daardoor in principe maar om de vijftien jaar op dezelfde plaats terug. Dit systeem van vruchtwisseling voorkomt ziektes en bespaart stalmest.

Weinig courante soorten staan hier samen: aardpeer, Japanse andoorn, artisjok, rammenas, postelein, kardoen, rode en groene snijbiet, zuring, venkel, zeekool, pastenaak, aardbeispinazie. In totaal telt de moestuin 55 soorten en 150 variëteiten.

De oranjerietuin leidt naar de strak geometrische siertuin: twee keer vier parterres met eenjarige perkplanten begeleiden vier graspartijen rond een fraaie fontein uit de vroege 17de eeuw. Hier zien we diverse snoeivormen van taxus, sering, perzik, nectarine en abrikoos.

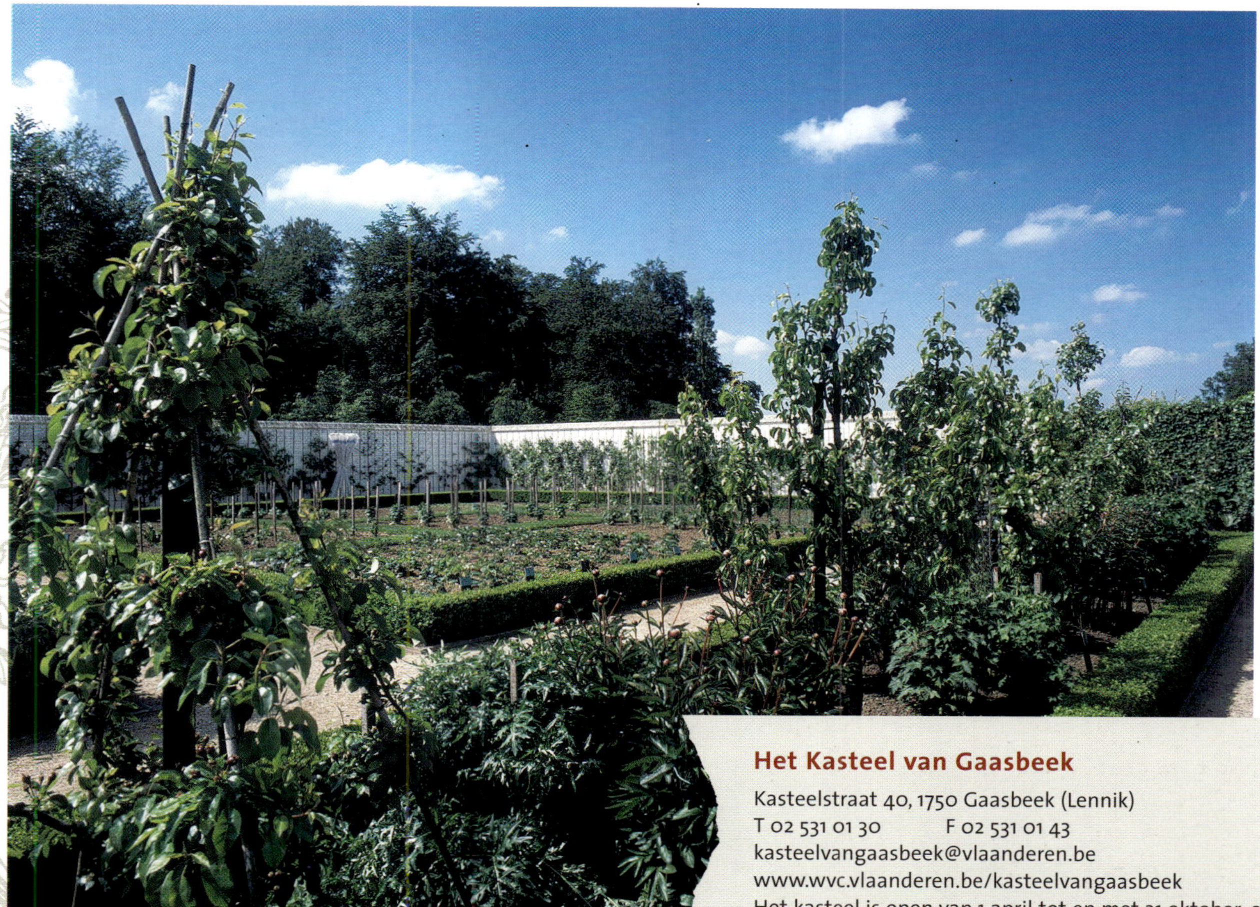

Het Kasteel van Gaasbeek

Kasteelstraat 40, 1750 Gaasbeek (Lennik)
T 02 531 01 30 F 02 531 01 43
kasteelvangaasbeek@vlaanderen.be
www.wvc.vlaanderen.be/kasteelvangaasbeek
Het kasteel is open van 1 april tot en met 31 oktober: alle dagen behalve maandag van 10-18 uur (laatste bezoek om 17 uur).
Reservering gidsen: T 02 532 20 38 (bezoekerscentrum-VVV).
Het park is elke dag gratis toegankelijk van 8-20 uur (van 1 oktober tot en met 31 maart tot 18 uur).
Gratis rondleidingen in de museumtuin na reservering (T 016 21 12 20 of bij martine.mellaerts@lin.vlaanderen.be).
OMD: 10-18 uur, gidsbeurten.

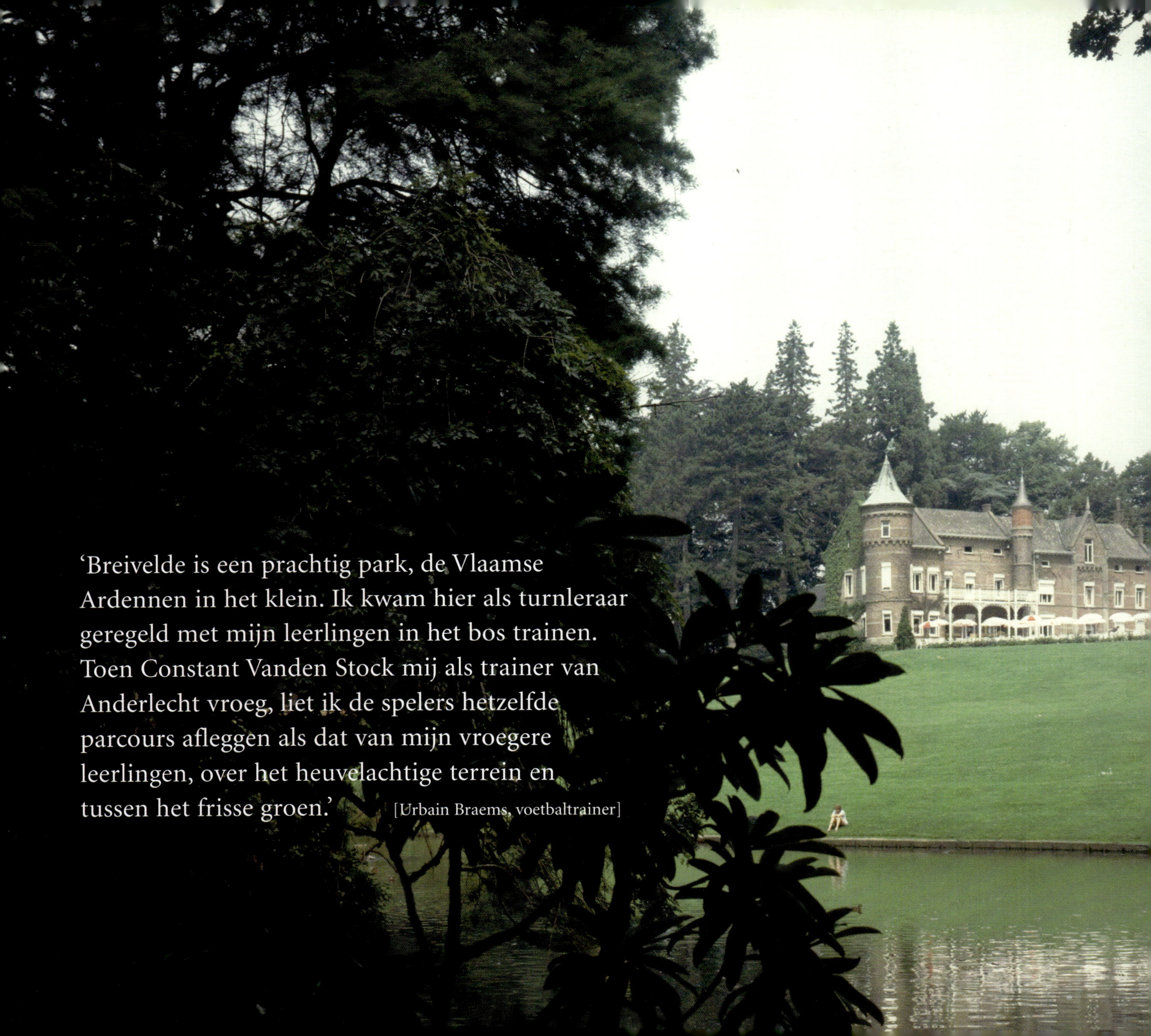

'Breivelde is een prachtig park, de Vlaamse Ardennen in het klein. Ik kwam hier als turnleraar geregeld met mijn leerlingen in het bos trainen. Toen Constant Vanden Stock mij als trainer van Anderlecht vroeg, liet ik de spelers hetzelfde parcours afleggen als dat van mijn vroegere leerlingen, over het heuvelachtige terrein en tussen het frisse groen.' [Urbain Braems, voetbaltrainer]

Het Domein van Breivelde

Kasteeldomein Breivelde gaat terug tot een in 1830 geregistreerde warande, een domein voor jacht en visvangst van de gegoede burger Josephus Joannes De Rouck. Zijn zoon liet er een landhuis bouwen en kocht alle aanpalende gronden. Aan het einde van de 19de eeuw werd het hele domein naar de toenmalige mode omgevormd tot een landschapstuin die we nu nog altijd kunnen bewonderen. Rondom het kasteel – ondertussen verbouwd in Vlaamse neorenaissancestijl – strekt zich een park uit, met vijver en grasvelden.

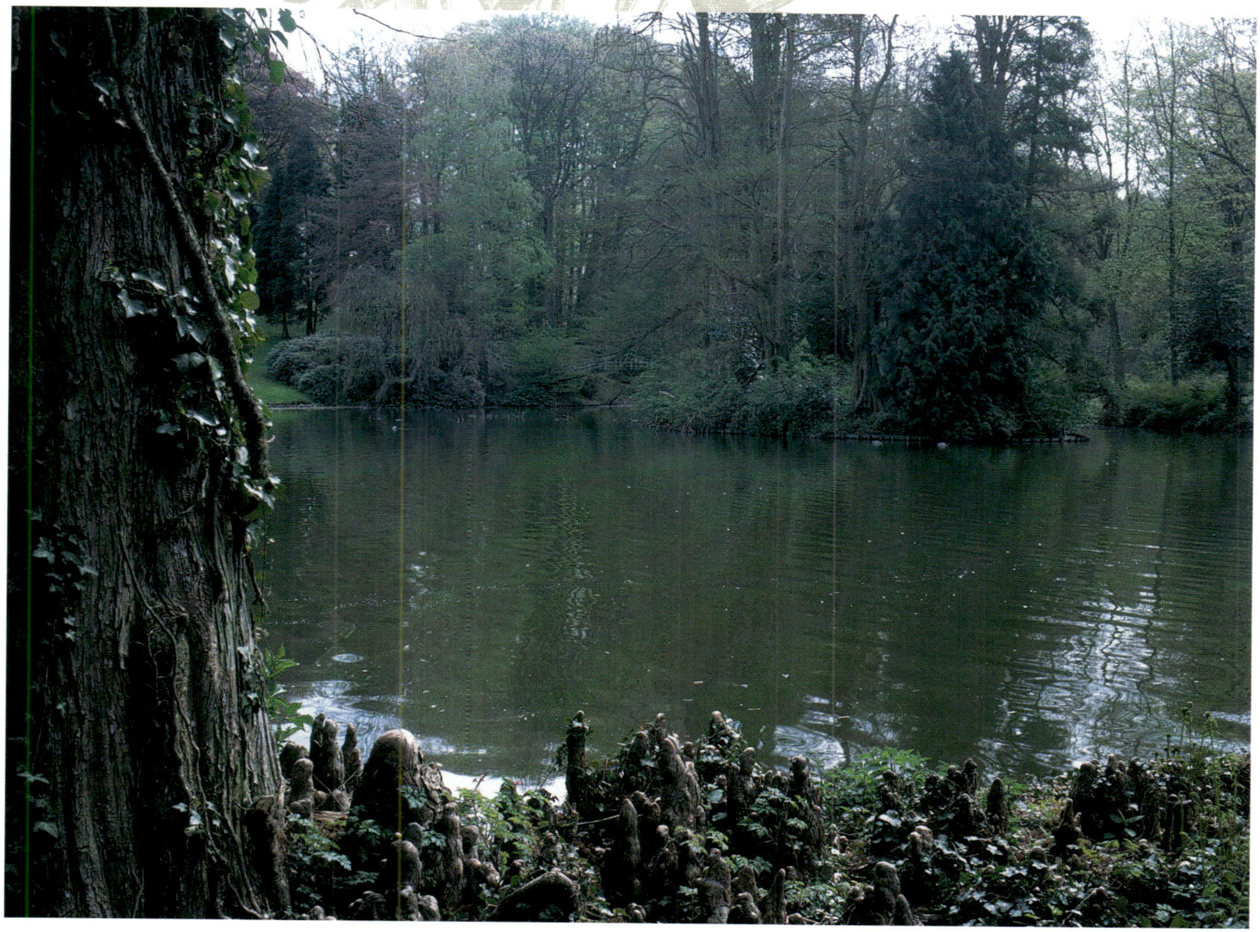

Het parkbos dat rond het park werd aangelegd, is doorsneden met zichtassen, vista's en niveauverschillen om vanuit het kasteel een doorkijk te creëren naar het bos dat het hele domein omgordt. Dat bos is omwille van zijn uitzonderlijke bomen dé aantrekkingskracht van Breivelde.

Het park is een voorbeeld van de landschappelijke stijl, een romantische stroming die aan het einde van de 19de eeuw inging tegen het formele karakter van de heersende tuinarchitectuur. Breivelde is een bronnengebied. De grote wateroppervlakten en drassige gronden vormen de ideale biotoop voor een aantal specifieke planten. Water heeft bijgevolg een zeer belangrijke rol gespeeld in het tuinontwerp.

De vijver in de centrale zichtas bij het kasteel imiteert een brede meanderende rivier met een begroeide zandbank. De uiteinden van de vijver liggen verscholen tussen het groen.

Geheel in de lijn van de romantiek weerspiegelt het kasteel zich in de vijver. De meer dan tien vijvers staan met elkaar in verbinding en de ontwerper heeft het hoogteverschil gebruikt om een arcadisch effect te creëren met cascades en fonteinen. Ze geven het domein de allure van een Engelse 'water garden'.

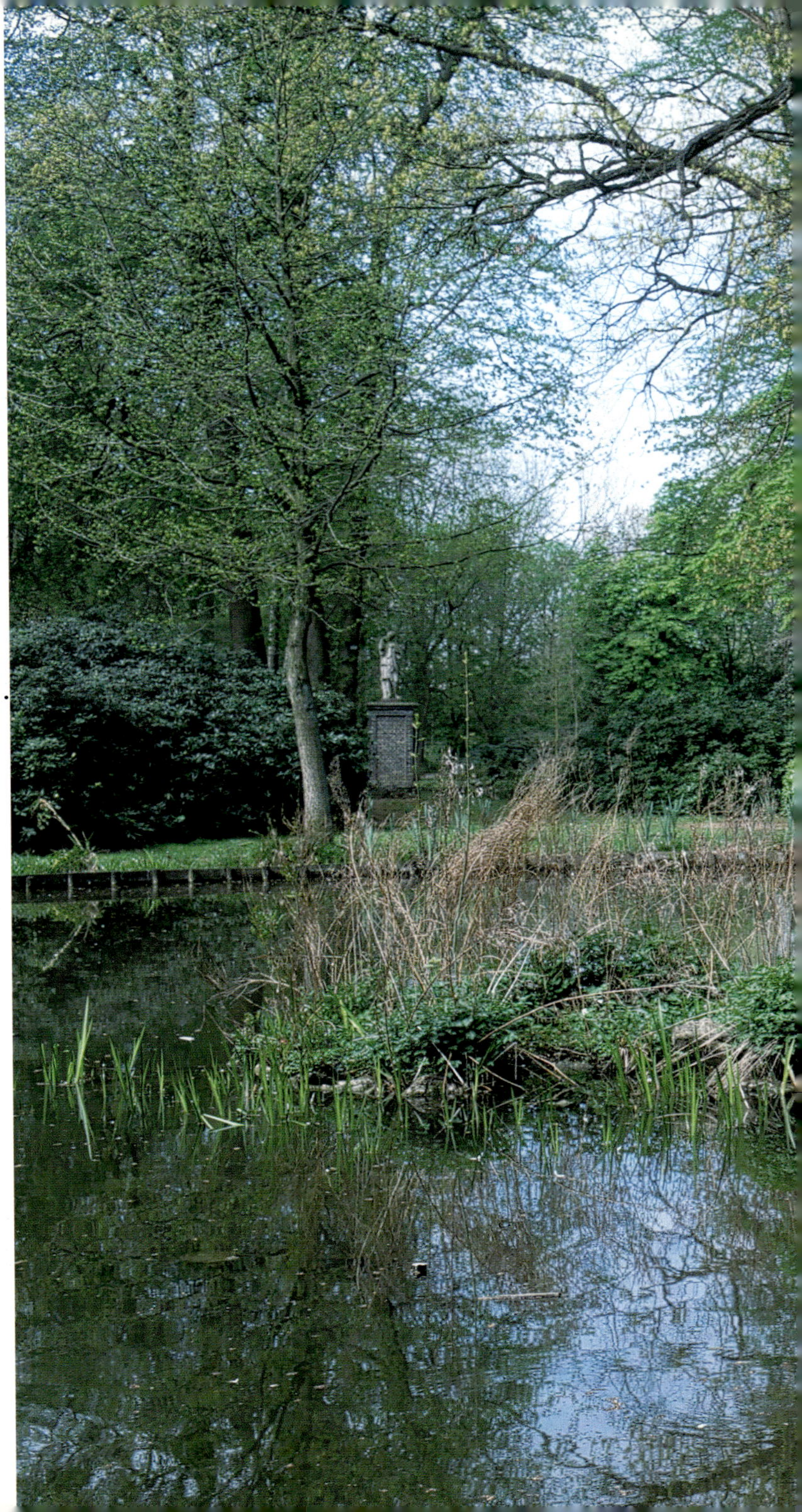

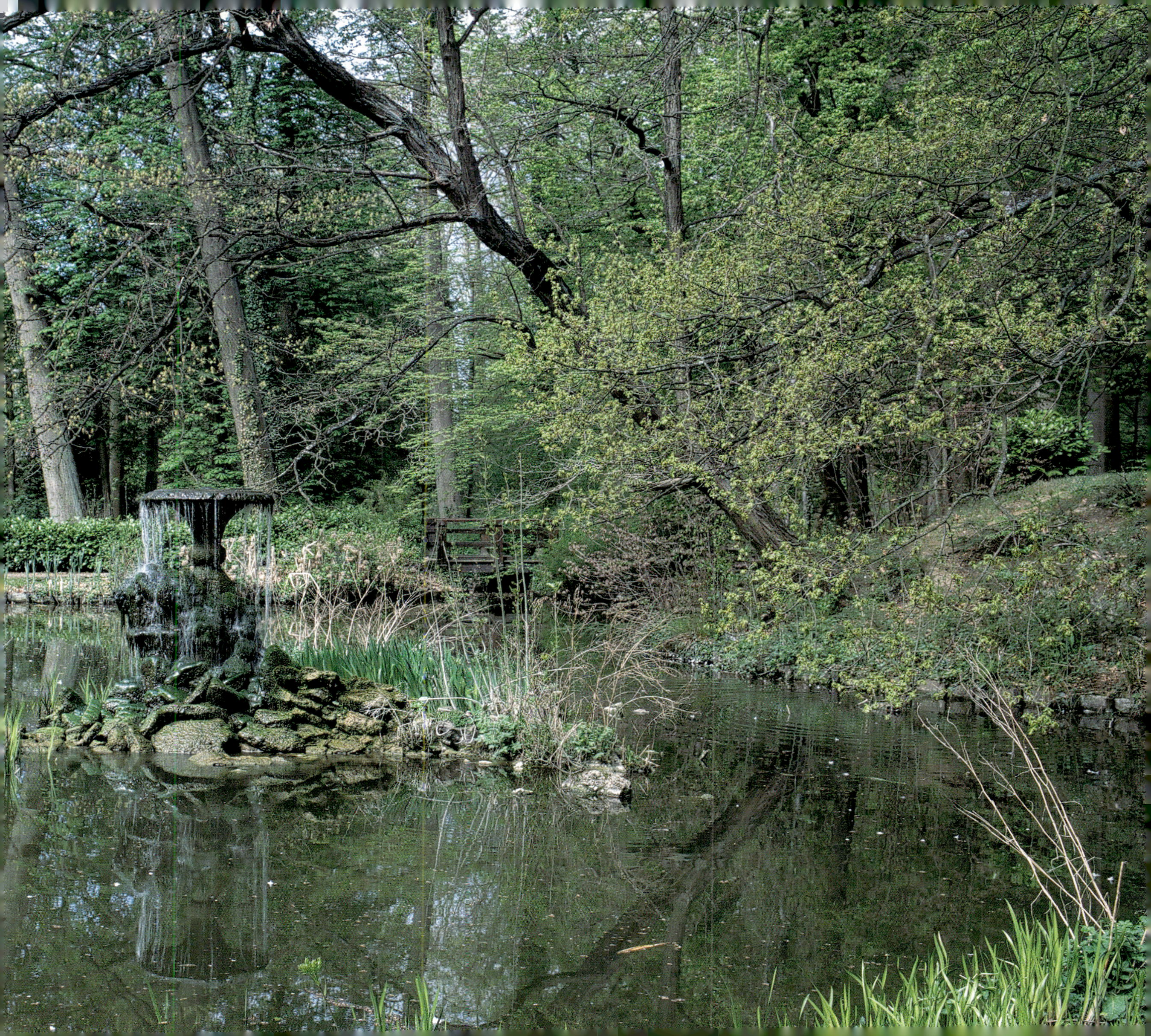

Breivelde heeft een unieke flora. In de kruidenlaag duiken vrij zeldzame plantensoorten op als kalmoes, tongvaren, gevleugeld sterrenkroos, oeverzegge, vingerhoedskruid, sneeuwklokje, ruw walstro, wrangwortel, dicht en scherp havikskruid en moerasrolklaver. Het bomenbestand van het hele domein telt niet minder dan 54 verschillende soorten. Die van het parkbos zijn allemaal zorgvuldig geïnventariseerd zodat men een leidraad heeft om aan verantwoord bosbeheer te doen. Een van de meest bijzondere bomen is de moerascipres met zijn brede stam en zijn merkwaardige kniewortels. Een tiental van deze cipressen dat gegroepeerd staat op een eilandje in de spiegelvijver vormt een typisch beeld voor het domein van Breivelde.

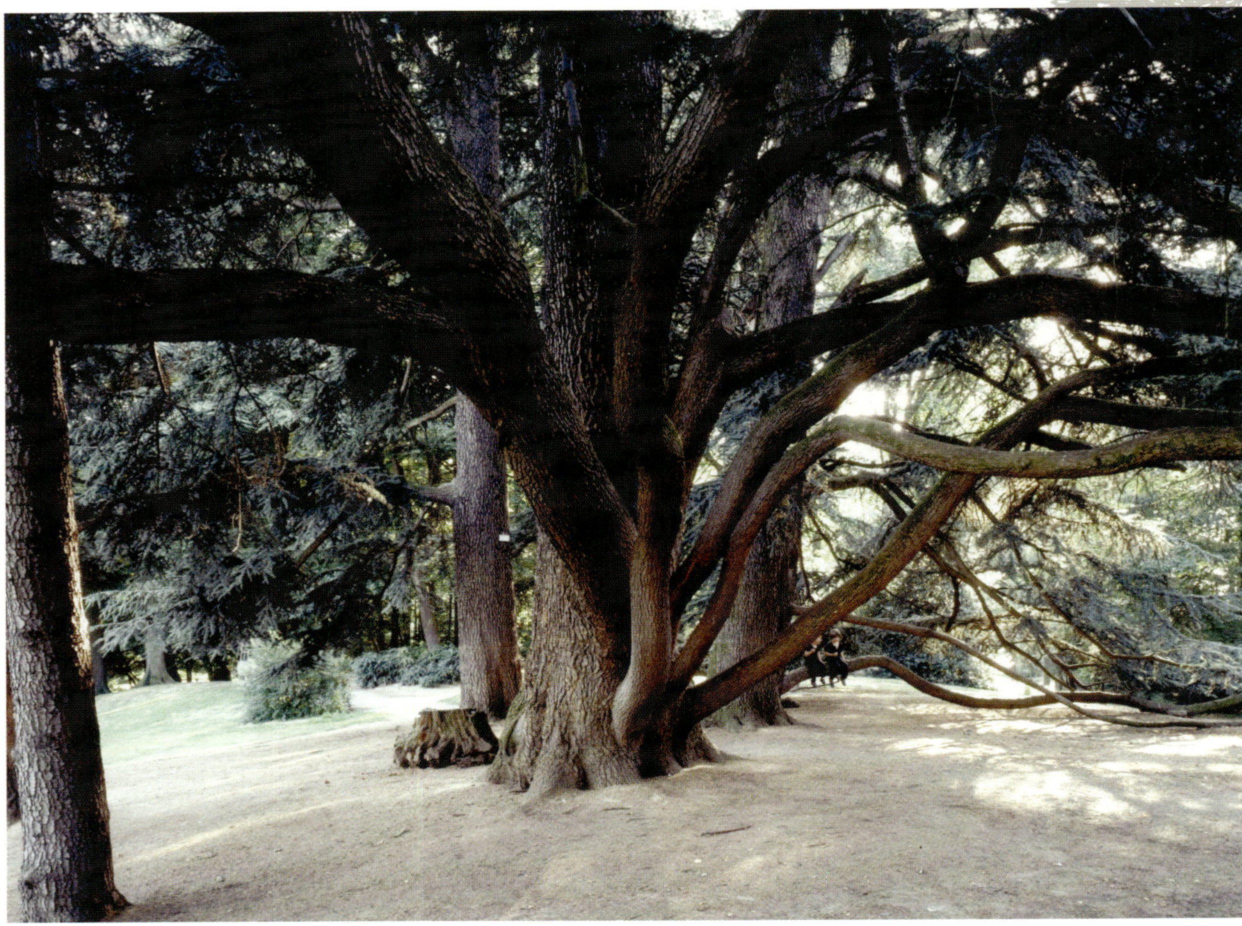

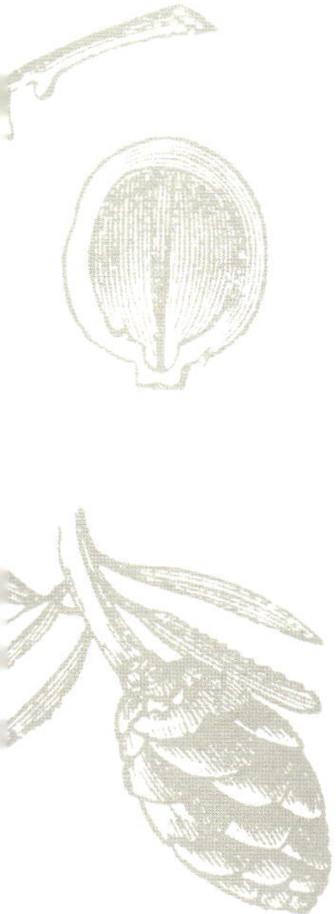

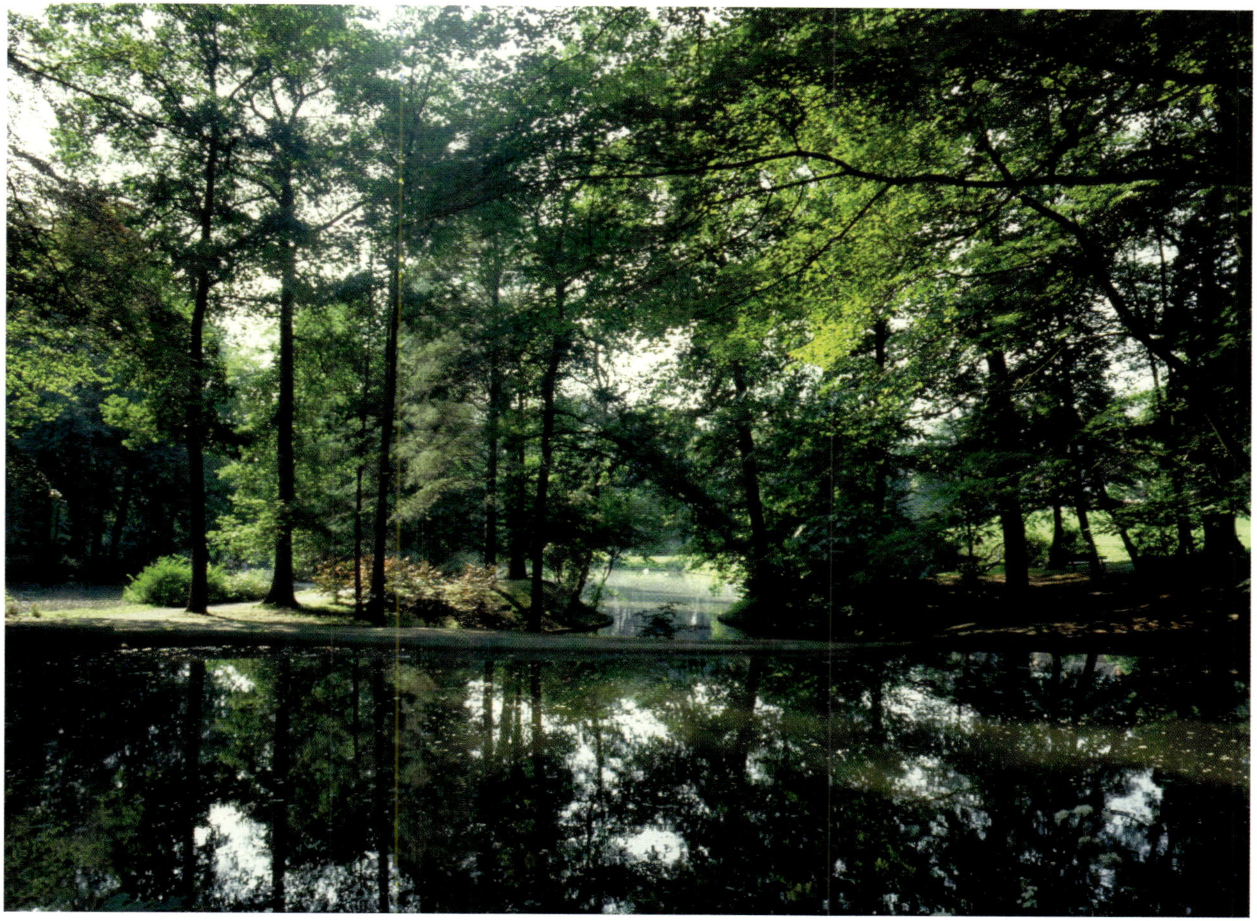

Tot de collectie bomen behoren ook de blauwe atlasceder, apenboom, Japanse cipres, reuzenlevensboom, en een zeldzame uit Zuidwest-China afkomstige *Cunninghamia lanceolata* met afschilferende stam en lancetvormige naalden in twee rijen. De mammoetboom met zijn piramidale kroon kan meer dan 100 meter hoog worden. Een van de exemplaren in Breivelde heeft een stamomtrek van 5 meter.

Het Domein van Breivelde

Parkstraat 1, Grotenberge (Zottegem)
T 09 364 64 64 F 09 364 64 79
toerisme@zottegem.be
www.zottegem.be
Het park is open van zonsopgang tot zonsondergang.
OMD: 10-18 uur, doorlopend gidsbeurten.

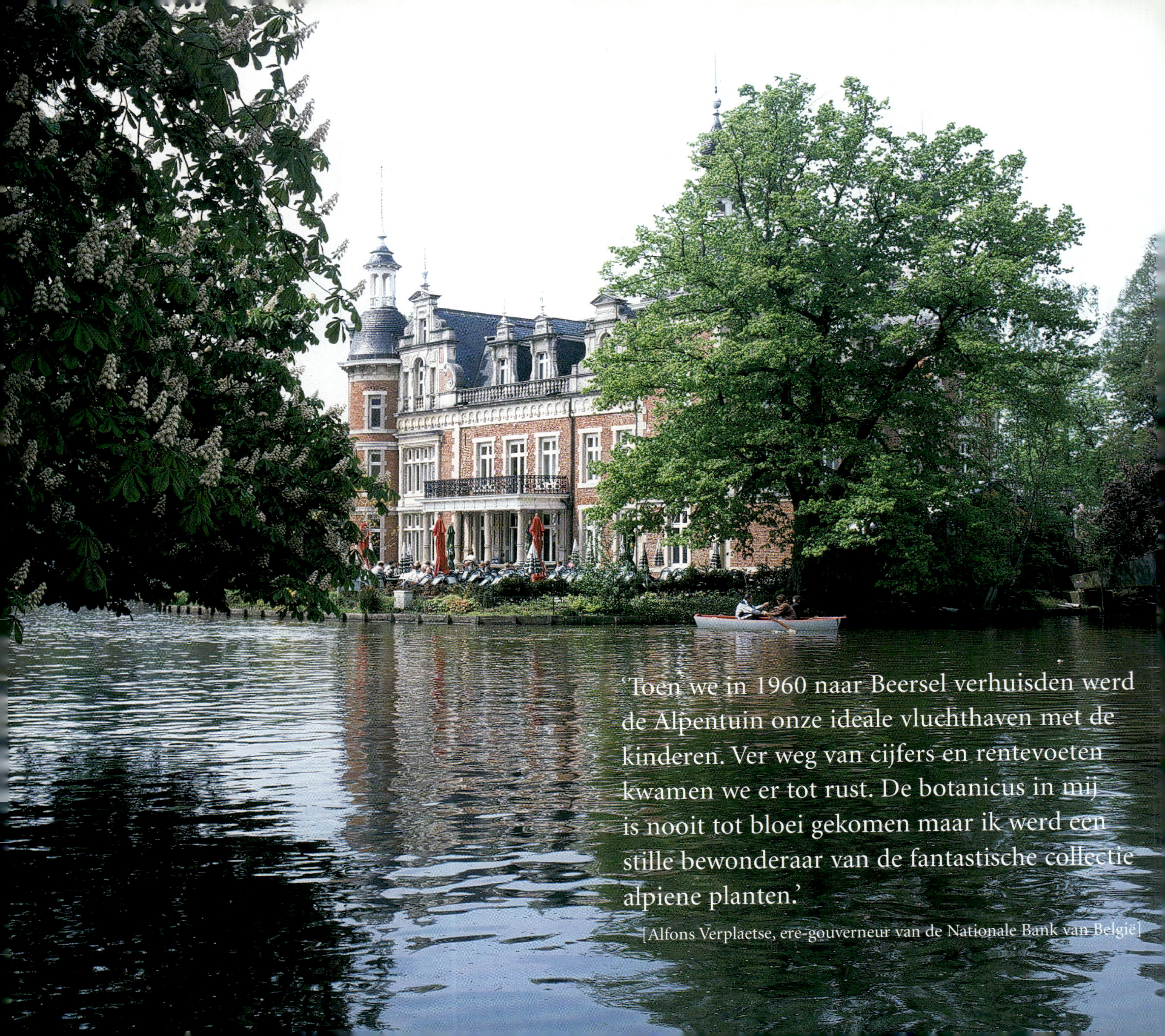

'Toen we in 1960 naar Beersel verhuisden werd de Alpentuin onze ideale vluchthaven met de kinderen. Ver weg van cijfers en rentevoeten kwamen we er tot rust. De botanicus in mij is nooit tot bloei gekomen maar ik werd een stille bewonderaar van de fantastische collectie alpiene planten.'

[Alfons Verplaetse, ere-gouverneur van de Nationale Bank van België]

Het Domein van Huizingen

Het domein van Huizingen is genoegzaam bekend als sport- en spelcomplex en heeft die functie al sinds het ingericht werd als 'volkspark' kort na de Tweede Wereldoorlog wanneer het volkstoerisme een ware bloei kende. De geschiedenis van het domein gaat mogelijk terug tot de late Middeleeuwen maar het is waarschijnlijker dat de voorganger van het actuele kasteel uit de 16de eeuw dateert. Rond 1880 kreeg het kasteel zijn huidige uitzicht: een uit renaissance- en barokelementen opgetrokken eclectische waterburcht met een rechthoekig grondplan.

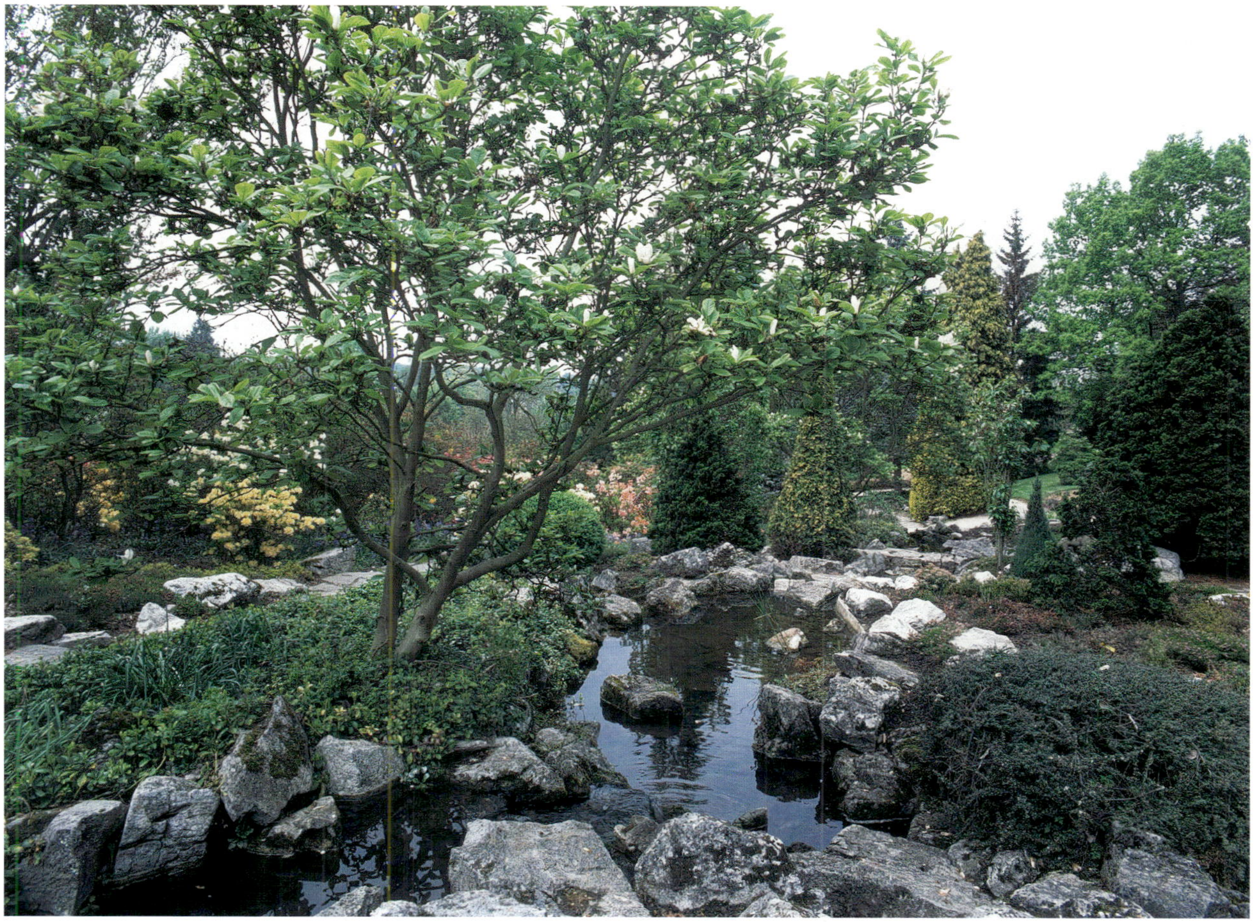

Met het oog op de Wereldtentoonstelling van 1958 kreeg landschapsarchitect Paul Dewit de opdracht een alpentuin met kunstmatige vliet en watervallen aan te leggen. Het Bloemendal van Dewit ademt de sfeer van Le Nouveau Jardin Pittoresque, een Belgische tuinbeweging opgericht in 1912 die ijverde voor de integratie van poëtische hoekjes en aantrekkelijke combinaties van vaste planten, decoratieve elementen, waterpartijtjes met weerspiegelende luchten tussen waterplanten, rotsen overgroeid met alpiene planten, en overvloedige klimplanten. De ideeën van Le Nouveau Jardin Pittoresque vonden ook hun neerslag in de Japanse tuin, hier samengesteld uit Japanse azalea, sikkelcipres, Japanse en Siberische iris en Japanse sierkers.

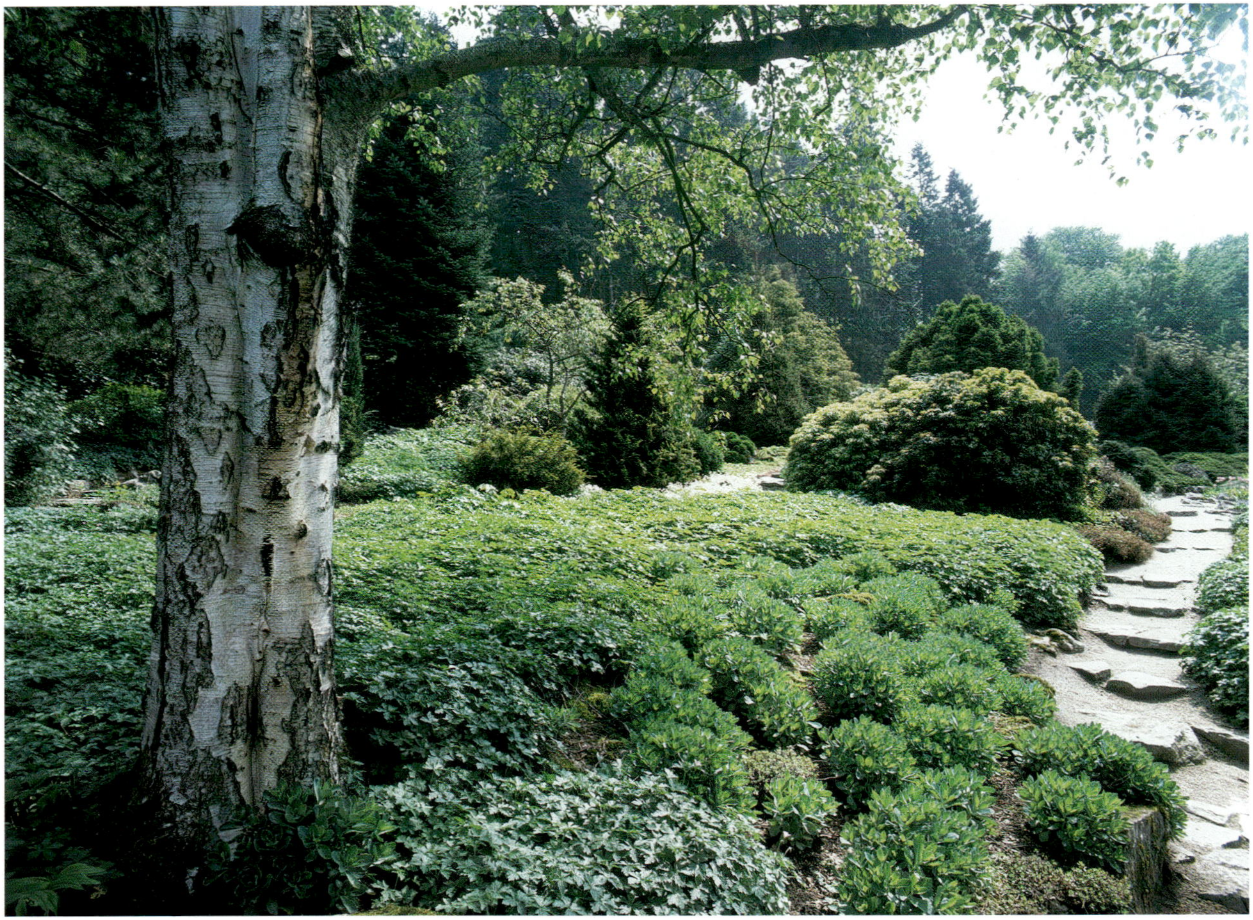

De keuze voor alpiene planten in Het Bloemendal gebeurde onder invloed van de Zwitserse planten-kweker en publicist Henry Correvon (1854-1939). Hij slaagde er als eerste in om rotsplanten uit het hooggebergte van de Alpen en het Centraal Massief (waaronder edelweiss) op geringe hoogte te acclimatiseren en zo te commercialiseren.

In het binnenpark van Huizingen achter het kasteel werd in negen maanden tijd een oostwest georiënteerde tuin aangelegd. De cijfers zijn indrukwekkend: over een lengte van 330 meter en met een hoogteverschil van 36 meter baant een beek zich met een debiet van 20.000 liter water per uur een weg naar beneden, met op haar loop 11 meertjes, 68 watervalletjes en 56 aanplantingsplaatsen voor water- en moerasplanten.

Voor de uitvoering werd gebruikgemaakt van 81.029 planten: 620 water- en moerasplanten, 50 Japanse irissen, 16.880 vaste planten en rotsplanten, 19.700 bolgewassen, 599 grote en kleine naaldhoutbomen, 9.335 heideplanten waaronder azalea's en rododendrons, 6.839 solitaire bladhoudende en bladverliezende heesters, 1.236 heesters voor grote massieven en als koninginnestuk 98 soorten van de mooiste geacclimatiseerde planten uit de Alpen, de Pyreneeën, de Himalaya en de Andes.

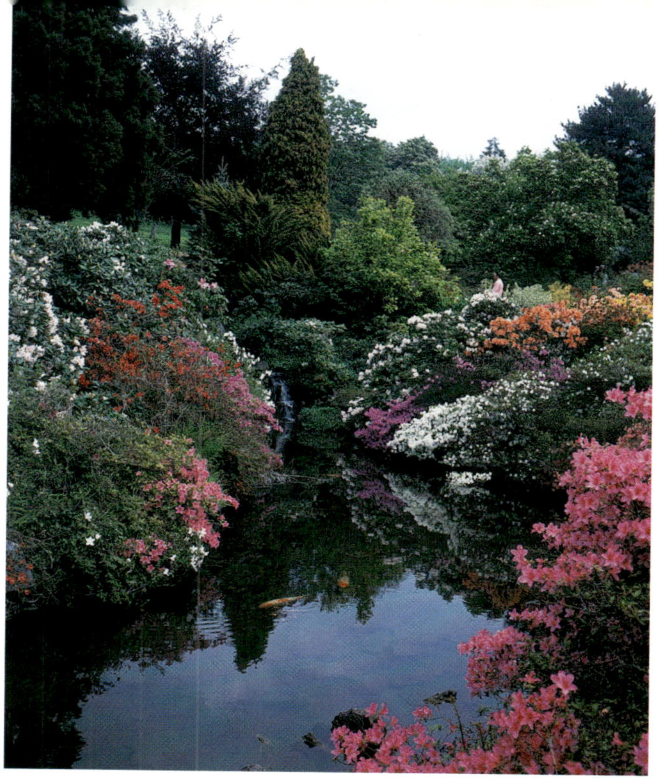

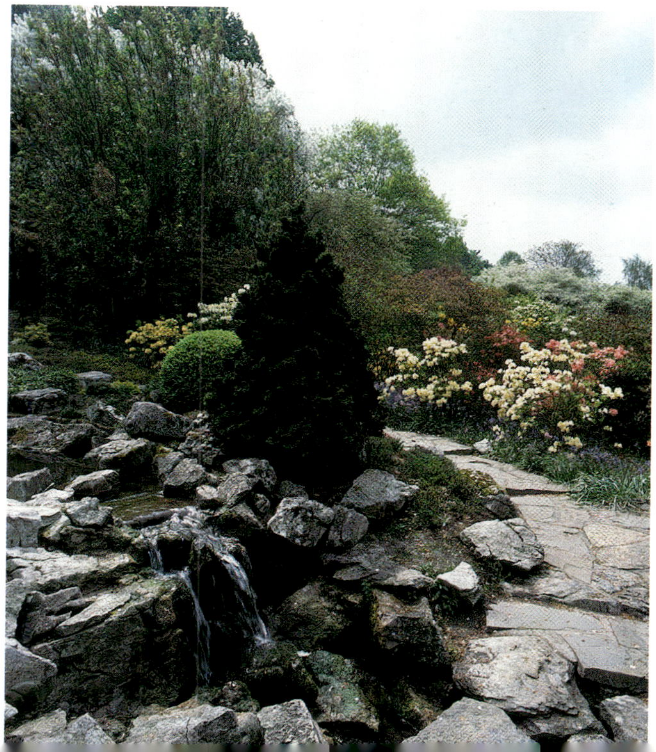

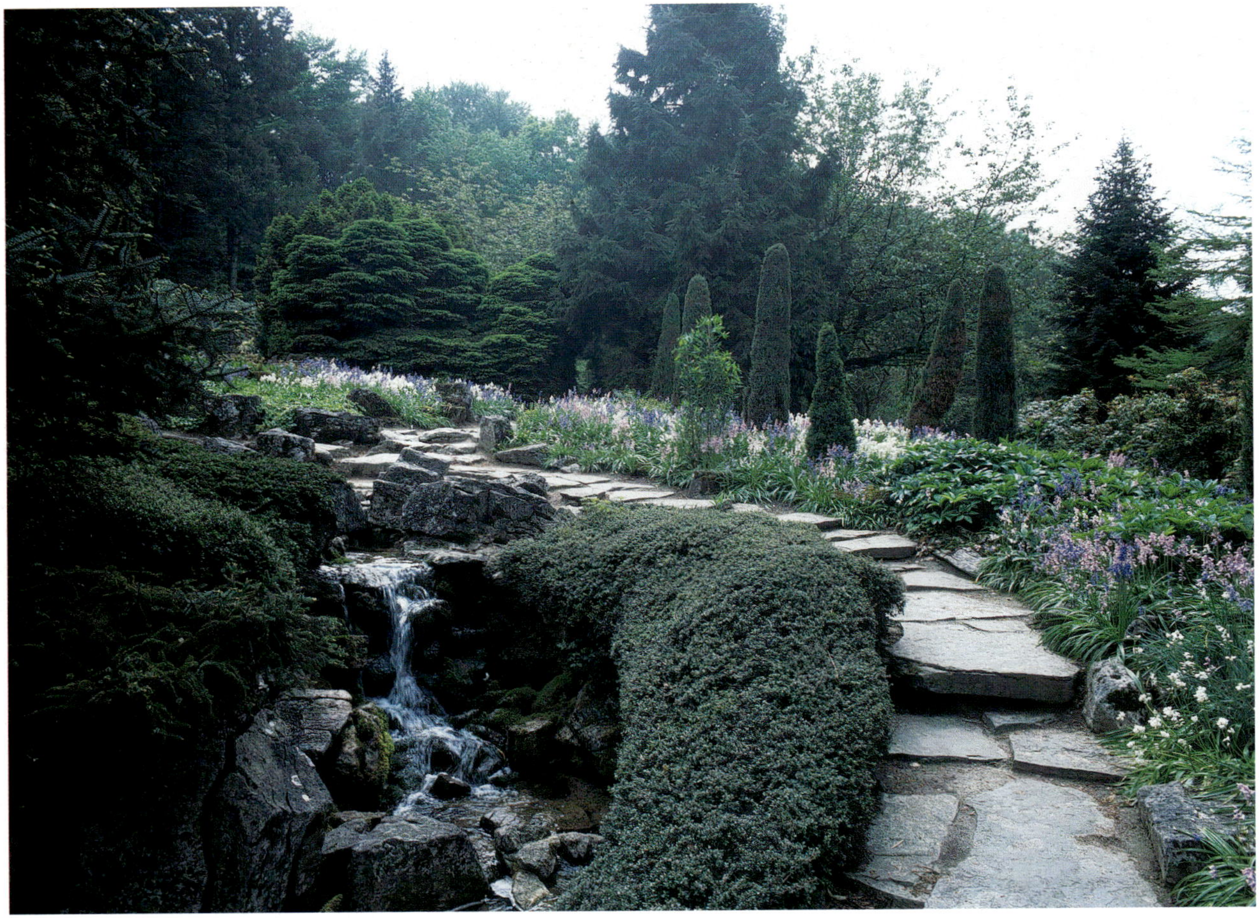

Toonaangevend in de tuin zijn de azalea's, rododendrons, zuurbessen, kornoeljes, dwergmispels, bruidsbloemen, weigelia's, de dopheidesoorten, kardinaalsmutsen, hibiscussen, jeneverbessen, sierappels- en kersen, magnolia's, de sparren en dennen, rozen, spirea's, taxussen en viburnums.

Het Domein van Huizingen
Alpentuin Het Bloemendal

Torleylaan 100, 1654 Beersel (Huizingen)
T 02 383 00 20 F 02 380 84 44
provinciedomein.huizingen@vl-brabant.be
www.vlaamsbrabant.be/ontspannen/provinciedomeinen
Het domein is open in januari, november en december van 9 tot 17u, in februari en oktober van 9 tot 18u, in maart van 9 tot 19 u, van april tot en met september van 9 tot 20u.
OMD: van 9u tot één uur voor zonsondergang.

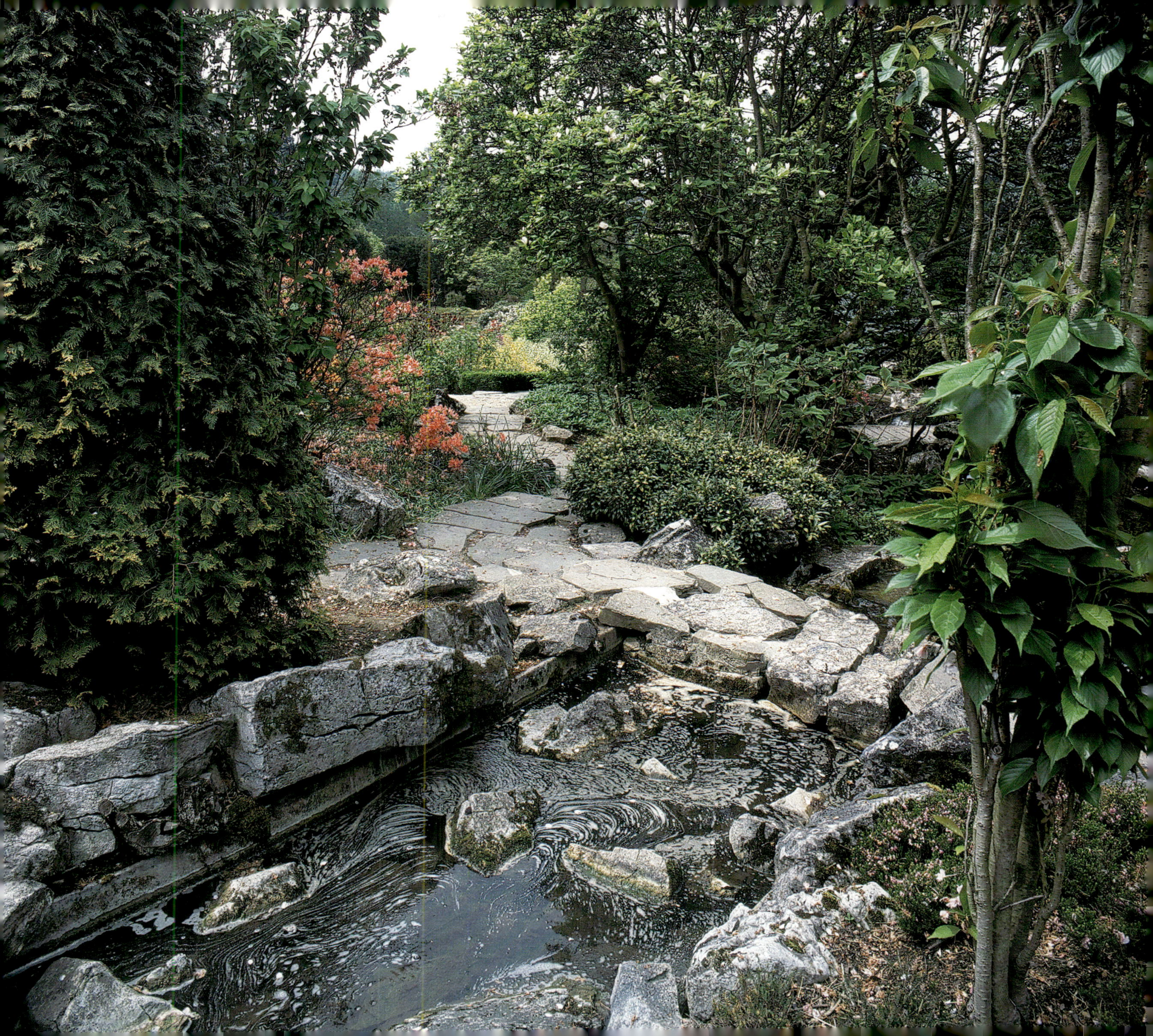

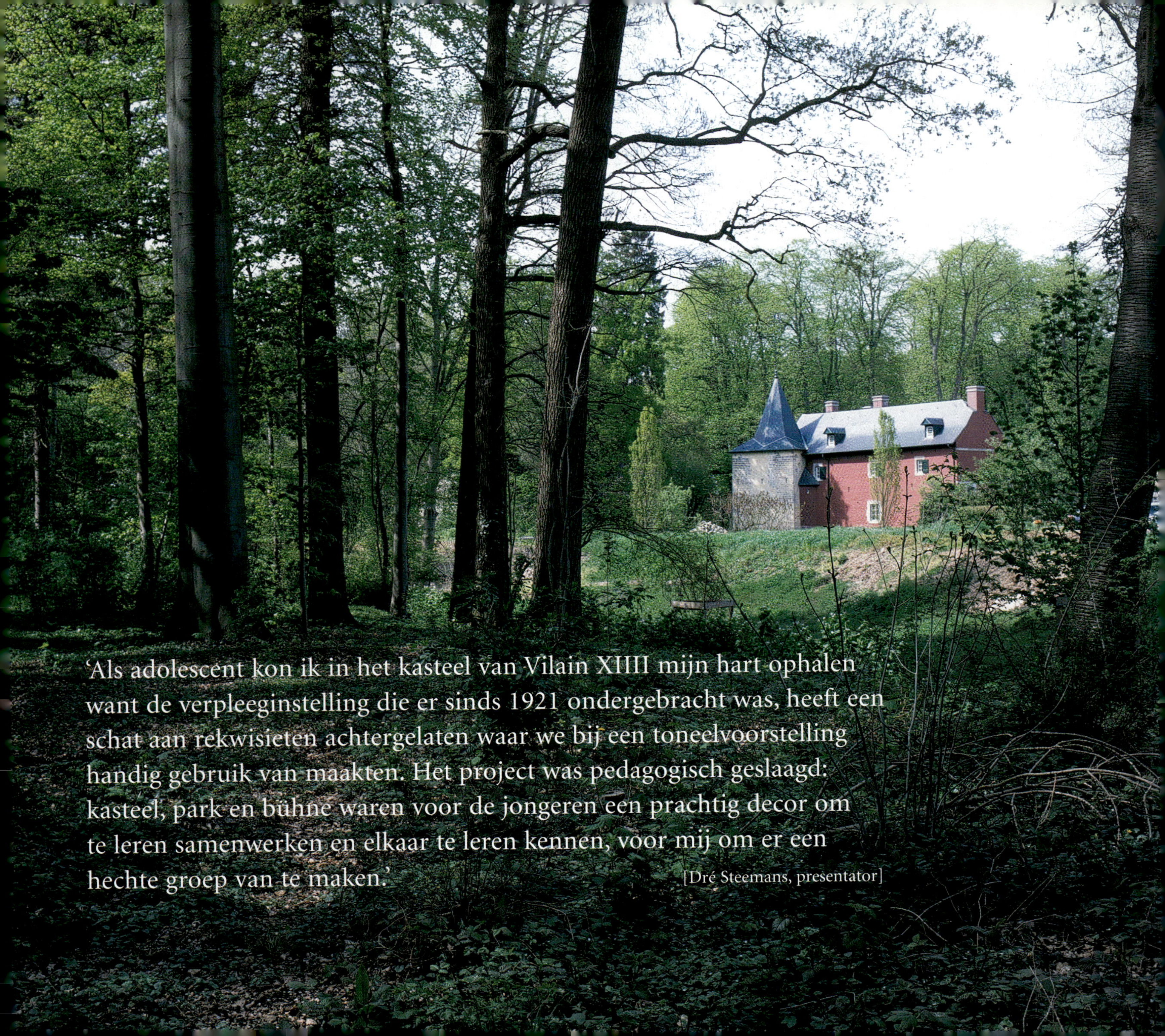

‘Als adolescent kon ik in het kasteel van Vilain XIIII mijn hart ophalen want de verpleeginstelling die er sinds 1921 ondergebracht was, heeft een schat aan rekwisieten achtergelaten waar we bij een toneelvoorstelling handig gebruik van maakten. Het project was pedagogisch geslaagd: kasteel, park en bühne waren voor de jongeren een prachtig decor om te leren samenwerken en elkaar te leren kennen, voor mij om er een hechte groep van te maken.’

[Dré Steemans, presentator]

Het Kasteel Vilain XIIII

Het kasteel Vilain XIIII in Leut is van toen het nog het een middeleeuwse slotburcht was op de Maasoever tot het in de 18de eeuw zijn huidige classicistische verbouwing kreeg steeds het onderkomen geweest van het gezag dat namens de Duitse keizers optrad. In de jaren 20 van de 19de eeuw kwam het domein in handen van burggraaf Charles Vilain XIIII die mee aan de wieg stond van de onafhankelijkheid van België.
Vilain XIIII is een prachtig park in landschappelijke stijl en heeft een van de meest markante collecties eiken van het land.

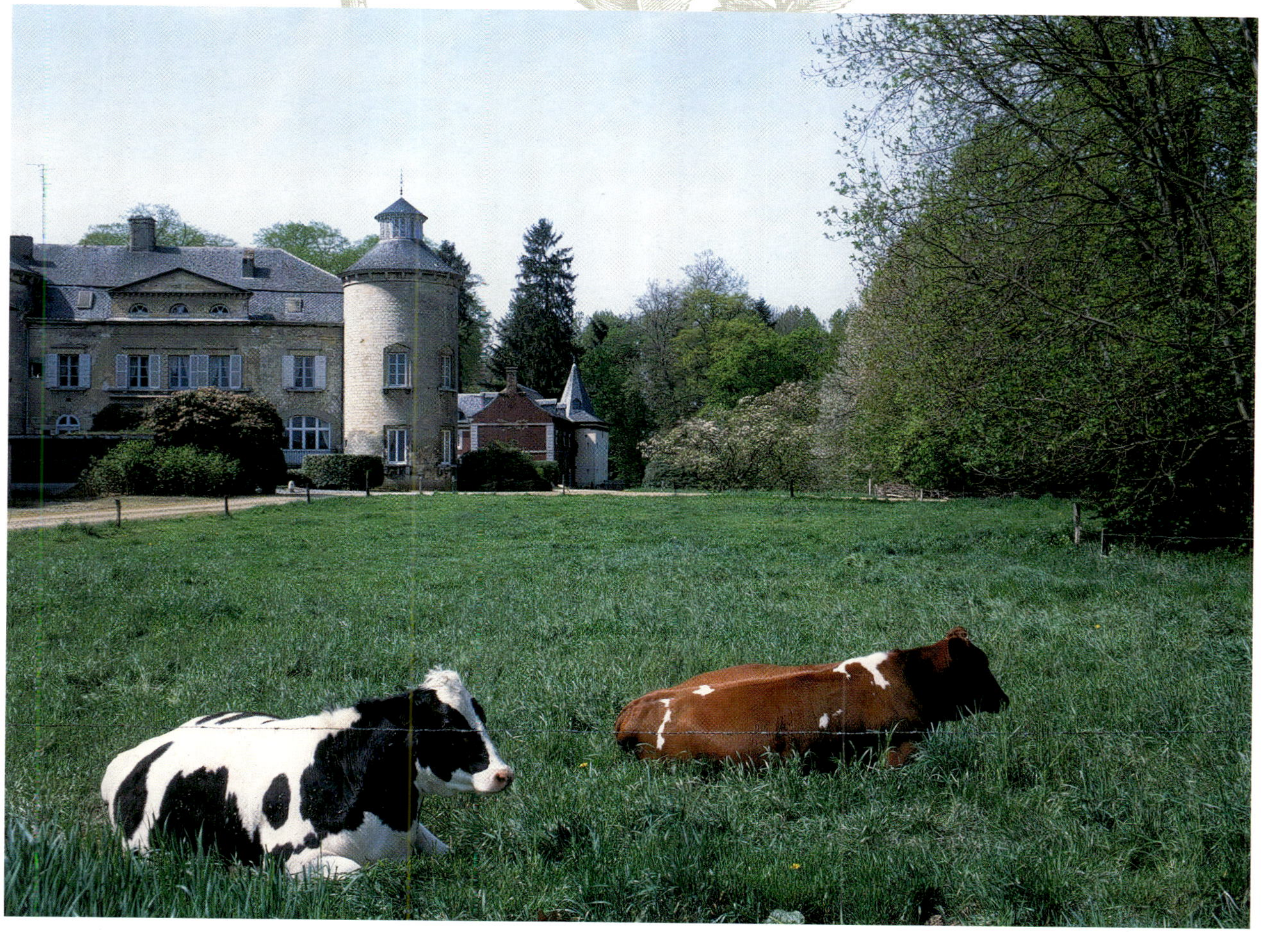

Het park had oorspronkelijk een stervorm: symmetrisch aangeplante dreven met vluchtlijnen die het kasteel snijden. De twee belangrijkste nog resterende dreven bestaan uit witte paardekastanje en een combinatie van zomereik en linde, prachtexemplaren met een stamomtrek van 4 meter.

Toen de geometrische stijl uit de mode raakte, gaf Vilain XIIII in 1830 aan landschapsarchitect Petersen de opdracht het domein te verfraaien. Petersen ontwierp in de directe omgeving van het kasteel een gesloten tuin met bossen, fruitweiden, en een lange, schaduwrijke loofgang als verbinding tussen de groentetuin en het weidse park.

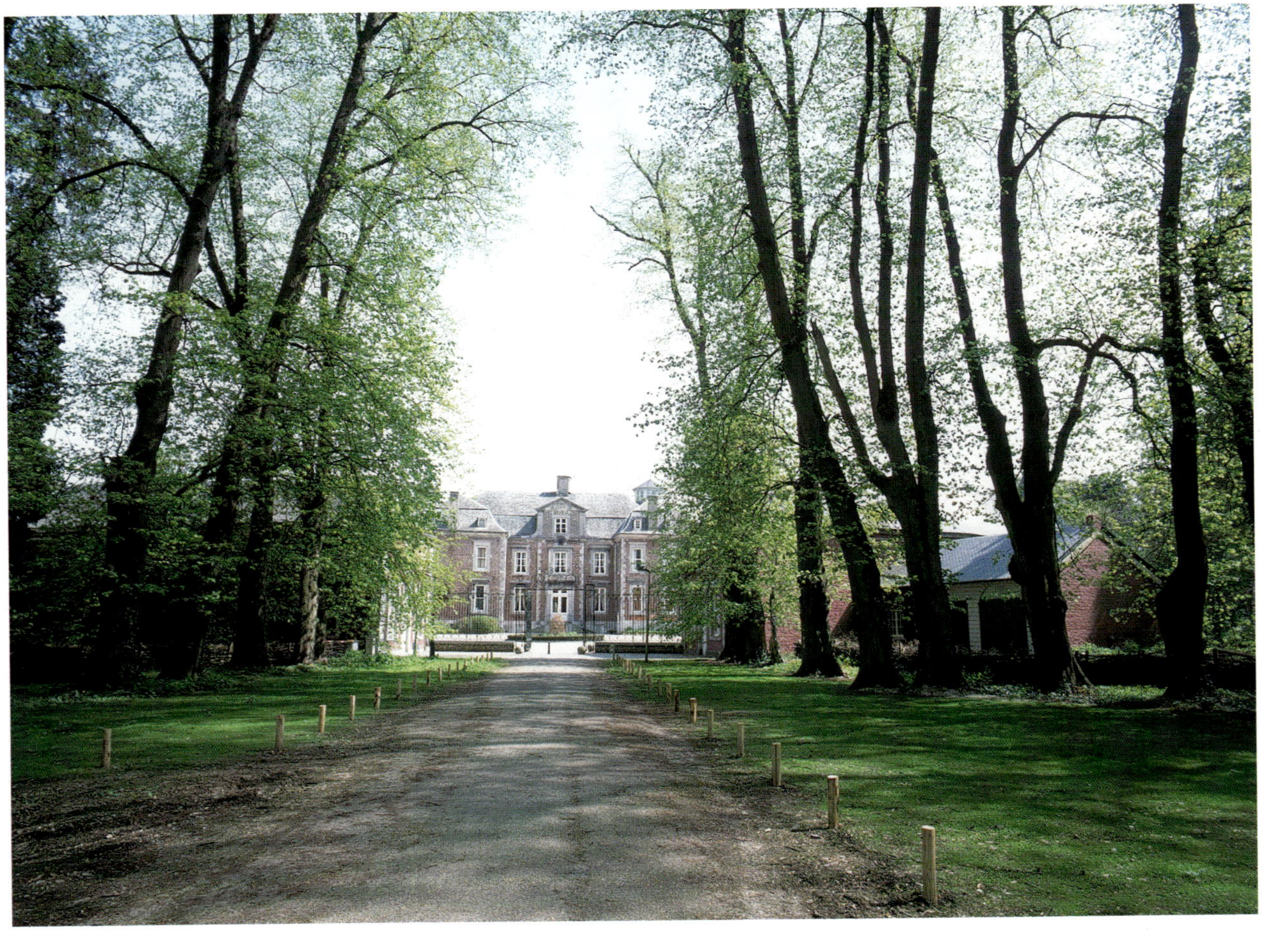

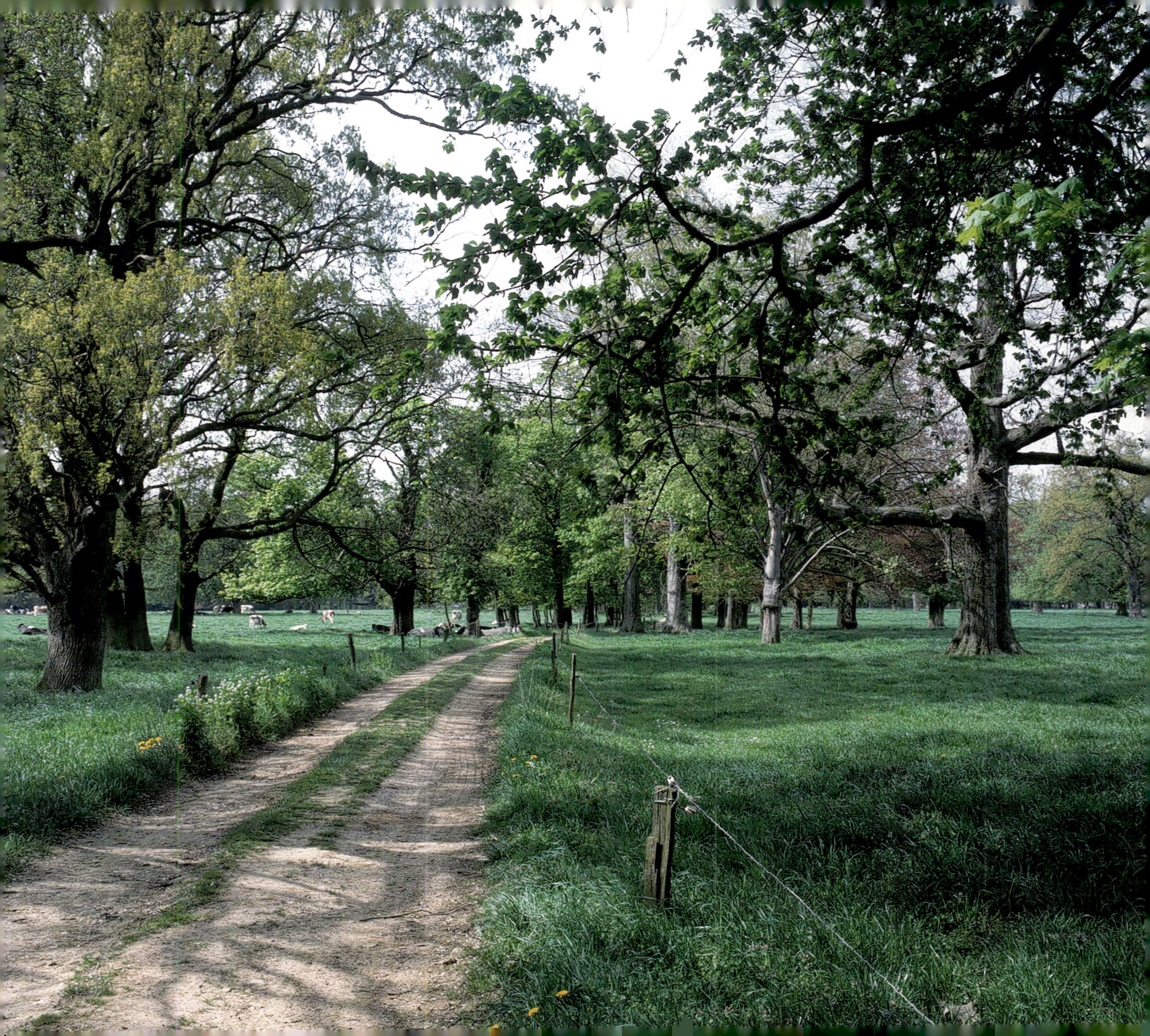

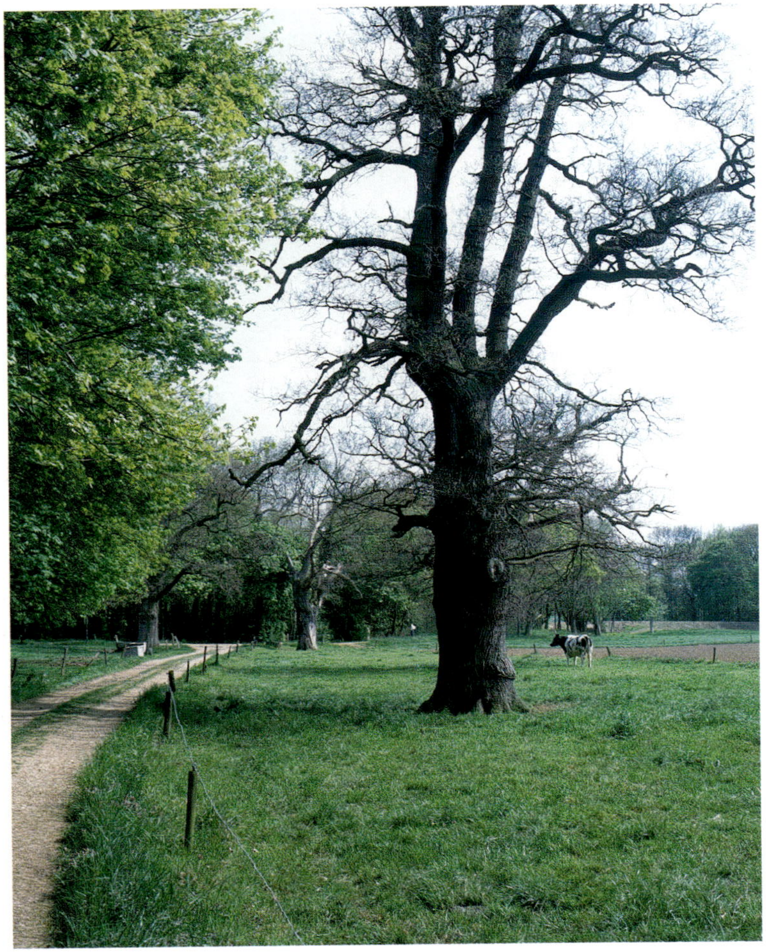

Het park omvat onder andere prachtige exemplaren van magnolia, krimlinde, atlasceder, zilverlinde, vederesdoorn, witte paardekastanje, gewone en bruine beuk en gewone plataan.

Een goed beheerd en onderhouden park bestaat immers uit bomen van verschillende leeftijden: bomen die de climaxvegetatie uitmaken, bomen van de tweede etage en een degelijk ontwikkelde struik- en kruidlaag.

In een gedegenereerd park zoals dat van Leut bestaat, grof geschetst, de climaxvegetatie uit enkele exotische parkbomen, is de tweede etage overwoekerd door agressieve exoten (witte paardekastanje, Noorse esdoorn, Amerikaanse eik, Amerikaanse vogelkers) naast gewone es en gewone esdoorn, en is de eveneens exotische struiklaag bijna volledig verdwenen. Om het kasteelpark Vilain XIIII opnieuw een toekomst te geven is men een jaar geleden gestart met een gericht beleid: instandhoudingswerken, aankoop van parkbomen en aangepast materiaal om de bomen tegen wild te beschermen en te vrijwaren voor veeschade.

De collectie eiken moet opnieuw aangevuld en uitgebreid worden, want zonder ernstige ingrepen is het eikenbestand gedoemd om te verdwijnen. Het domein telt nog wel zeldzame soorten en cultuurvariëteiten die niet meer in de handel zijn, zoals *Quercus robur* 'Cucullata', *Quercus robur*, *Tilia neglecta cultivar* en *Tilia platyphyllos* 'Vitifolia' evenals een paar van de oudste bomen van België in hun soort: *Quercus petraea* 'Mespilifolia', *Quercus faginea en Quercus cerris* 'Variegata'.

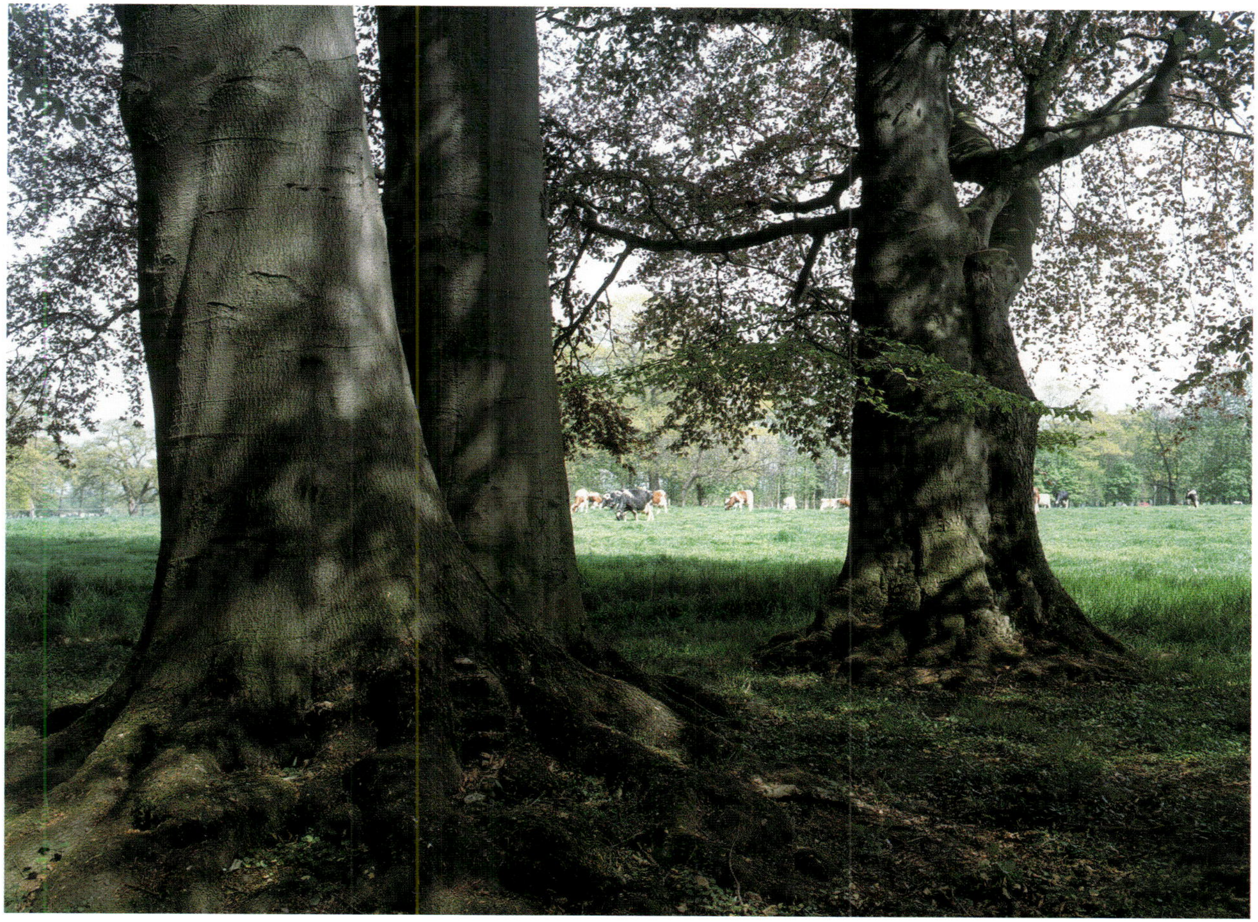

Het park nadert zijn eindstadium want de vitaliteit van de bomen is op de terugweg. Van de unieke cultuurvariëteiten en selecties zou stekmateriaal moeten verzameld worden zodat in de toekomst weer kan worden aangeplant.

Het Kasteel Vilain XIIII

Dreef 148, Maasmechelen T 089 76 45 75
jan.kohlbacher@skynet.be www.erfgoedeisden.tk
Het kasteel is niet toegankelijk. Bezoek enkel mogelijk na afspraak.
OMD: 10-18 uur, gidsbeurten in en rond het kasteel.

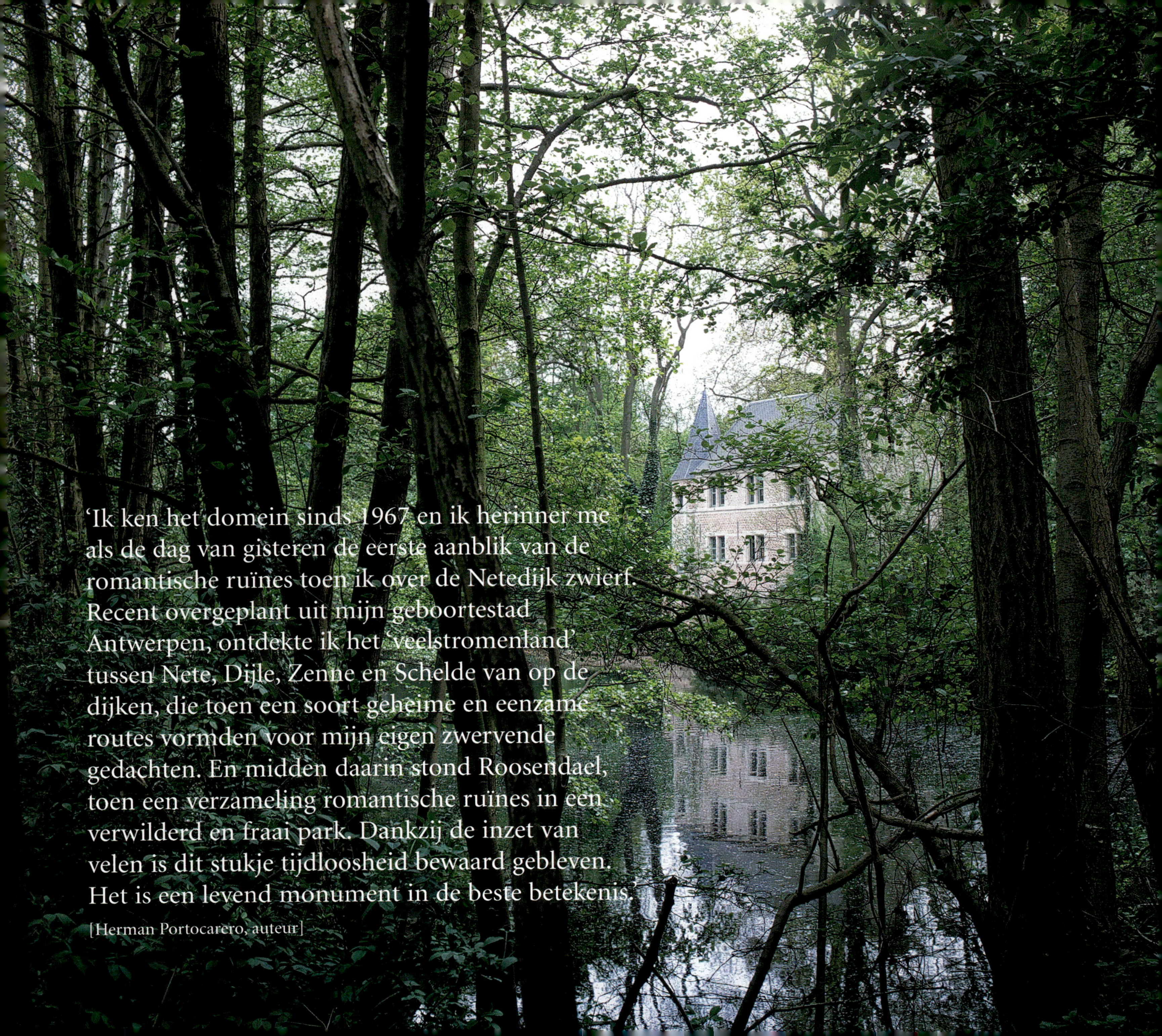

'Ik ken het domein sinds 1967 en ik herinner me als de dag van gisteren de eerste aanblik van de romantische ruïnes toen ik over de Netedijk zwierf. Recent overgeplant uit mijn geboortestad Antwerpen, ontdekte ik het 'veelstromenland' tussen Nete, Dijle, Zenne en Schelde van op de dijken, die toen een soort geheime en eenzame routes vormden voor mijn eigen zwervende gedachten. En midden daarin stond Roosendael, toen een verzameling romantische ruïnes in een verwilderd en fraai park. Dankzij de inzet van velen is dit stukje tijdloosheid bewaard gebleven. Het is een levend monument in de beste betekenis.'

[Herman Portocarero, auteur]

Abdijsite Roosendael

Tussen 1220 en 1227 vestigden cisterciënzerinnen zich in Walem aan de Nete. Ze noemden hun abdij 'Roosendael'. De religieuze gemeenschap kende bloei en verval. Van rond 1660 dateert het Pesthuis en in 1781 werd het Koetshuis gebouwd.

Na de Franse Revolutie moesten de kloosterlingen naar Mechelen uitwijken. De opkoper sloopte het complex, op het Poortgebouw, het Pesthuis en het Koetshuis na. In 1920 werd op oude funderingen het Landhuis opgetrokken, ter vervanging van het stukgeschoten 'château'.

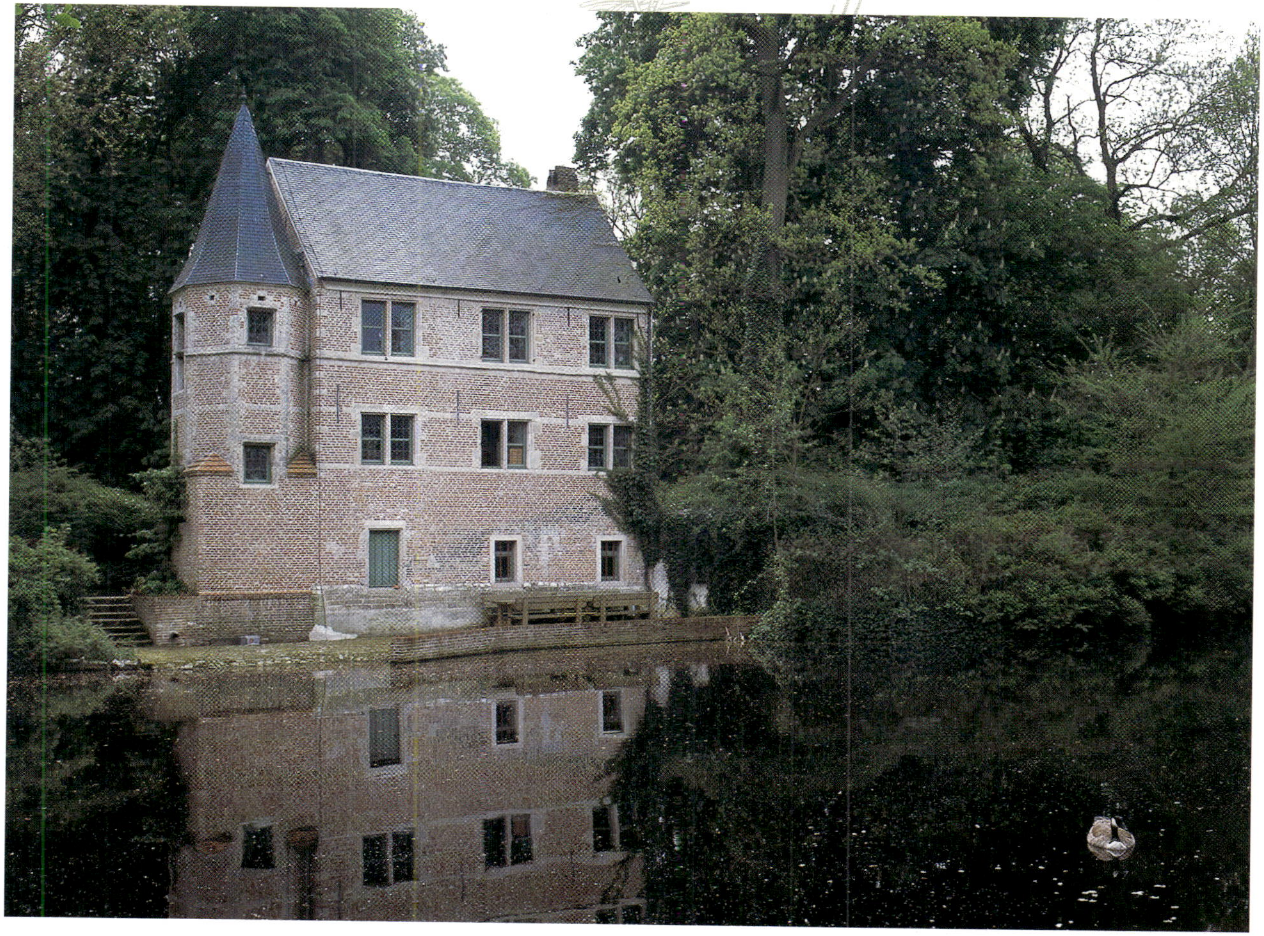

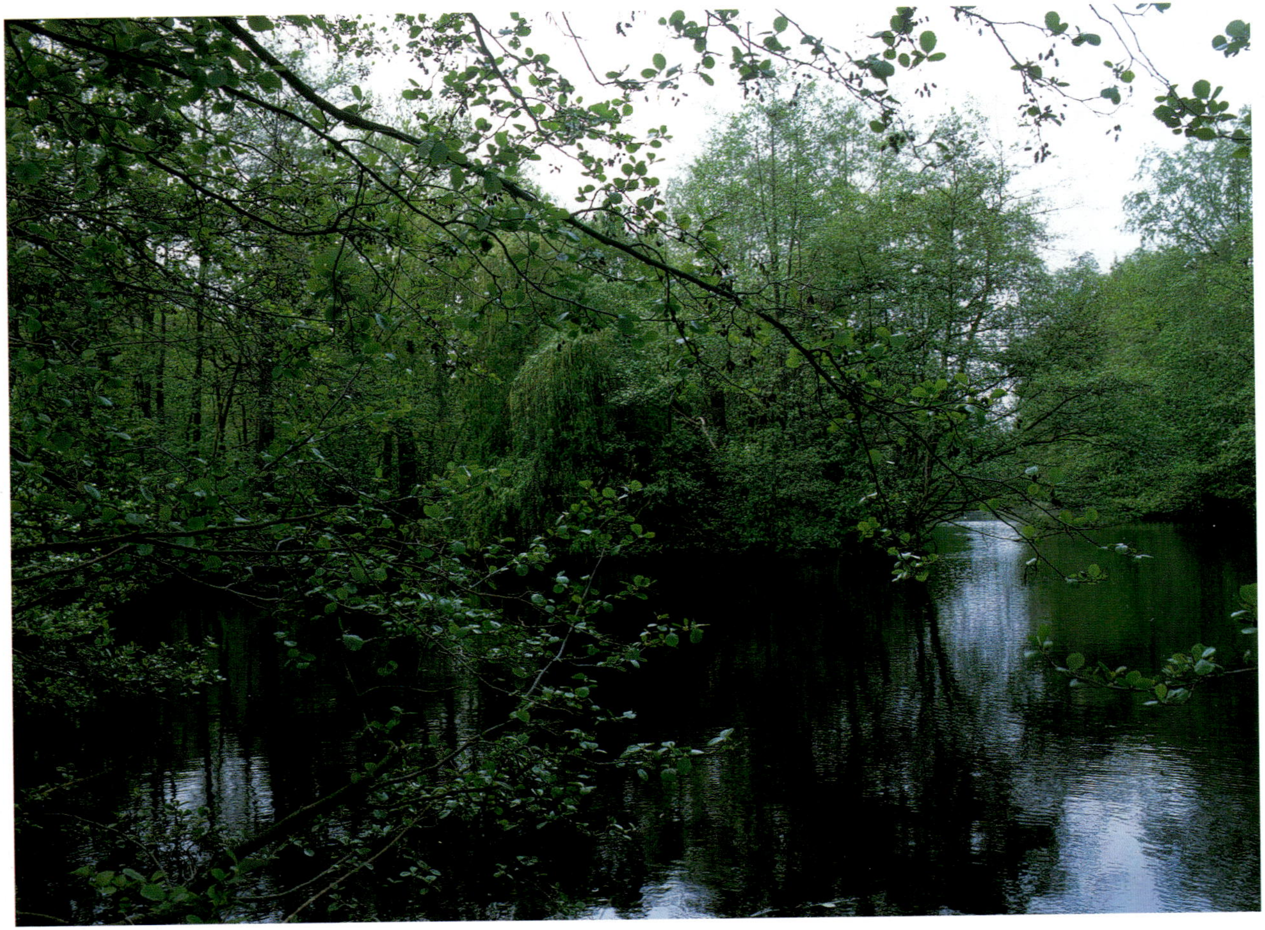

De laatste eigenaar, de familie Pirard, schonk later het domein aan het Seminarie van Mechelen op voorwaarde dat het zou worden gebruikt voor jeugdwerking. In 2004 gaat vzw Stichting Kempens Landschap de uitdaging aan om Roosendael over te kopen en te beheren.

Het uitzicht en de vorm van het park van Roosendael verwijzen nog steeds naar het oorspronkelijke grondplan van het vroegere cisterciënzerinnenklooster. Bij de landschappelijke parkaanleg in de loop van de 19de eeuw hebben de nieuwe bewoners een aantal oude elementen gerecycleerd, zoals gebouwen, vijvers en grachten. De vorm van de diverse percelen is onveranderd gebleven.

Kenmerkend voor een klooster is het afgesloten zijn van de buitenwereld. Oude kaarten en geschreven bronnen tonen aan dat de niet bebouwde ruimte binnen de kloostermuren en -grachten bijna uitsluitend gebruikt werd voor nutstuinen zoals boomgaarden, moes-, kruiden- en bloementuinen. Buiten de muren lag er een sterrenbos en een Engelse hof met kronkelende paadjes. Het huidige uitzicht van het domein en een deel van de flora refereren dus ook aan de grote mode uit de 18de en 19de eeuw om een park zoveel mogelijk op een geïdealiseerde 'natuurlijke natuur' te doen lijken. Daarvan getuigen het kunstmatige en natuurlijke reliëf, de waterpartijen, de kronkelende wandelpaden, de doorkijken, de soorten bomen en planten, de manier van aanplanten en een aantal constructies zoals bruggen, een ijskelder, de fontein of overloop enz.

Het huidige park bevat een aantal exoten en merkwaardige bomen en struiken. Van de exoten komt een opvallend aantal uit het oosten van Noord-Amerika (zwarte walnoot, moerascipres, amberboom, trompetboom, robinia...). Andere bomen vallen op door hun leeftijd, hun omvang en mooie vorm. Roosendael is tevens een uitzonderlijk stinzenmilieu, waarschijnlijk een van de belangrijkste en rijkste in Vlaanderen. Stinzenplanten staan op een kalkrijke bodem met veel verstoring en bloeien vroeg in de lente. Verder treft men er de volgende planten aan: breed klokje, maarts viooltje, bostulp, gevederde pimpernoot of paternosterboom, gevlekte aronskelk, daslook, gewone vogelmelk, sneeuwklokje, groene ossentong en groot glaskruid. Er zijn in het gebied ook 38 soorten mos gedetermineerd.

Abdijsite Roosendael

Aan de Lange Zandstraat, 2860 Sint-Katelijne-Waver
T 015 29 41 30
info@roosendael.be www.roosendael.be
Grachtwandelpad rond domein toegankelijk van 8.30 uur tot zonsondergang. Bezoek met gids mogelijk na afspraak.
OMD: 10-18 uur

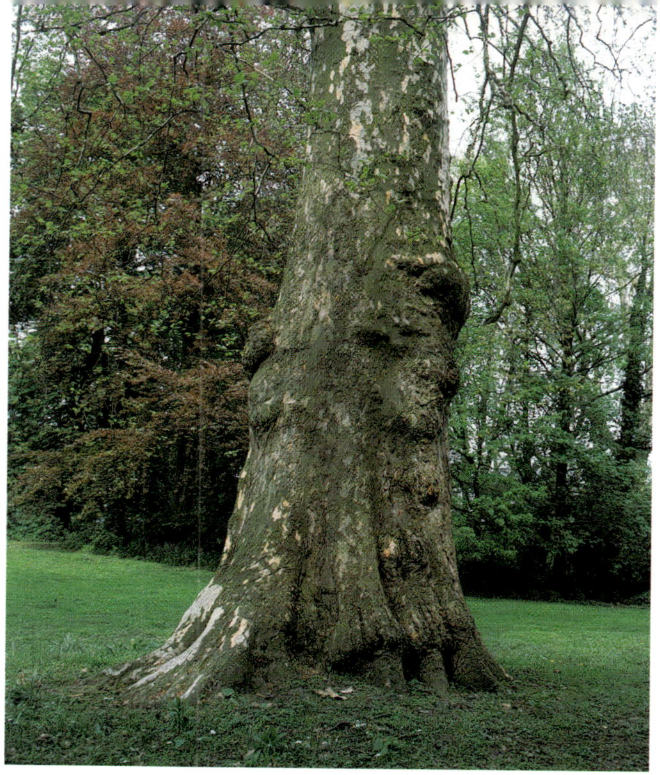

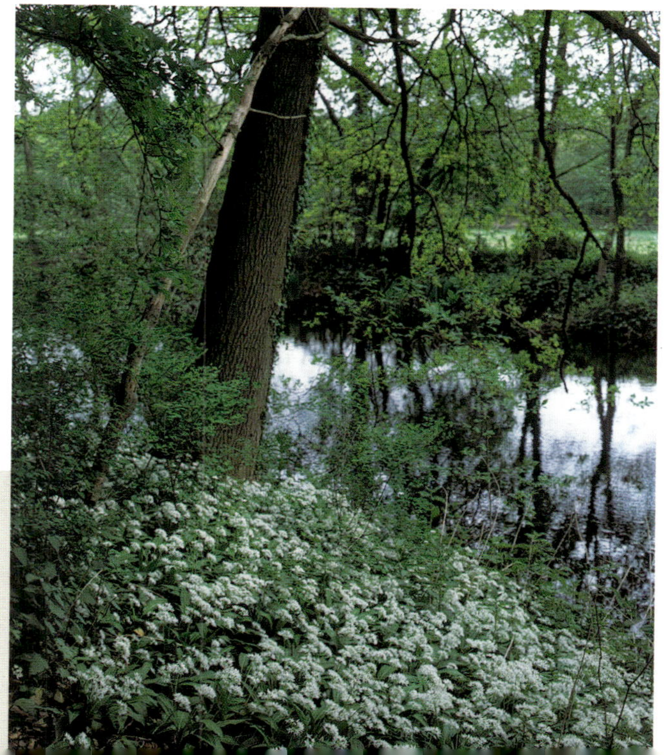

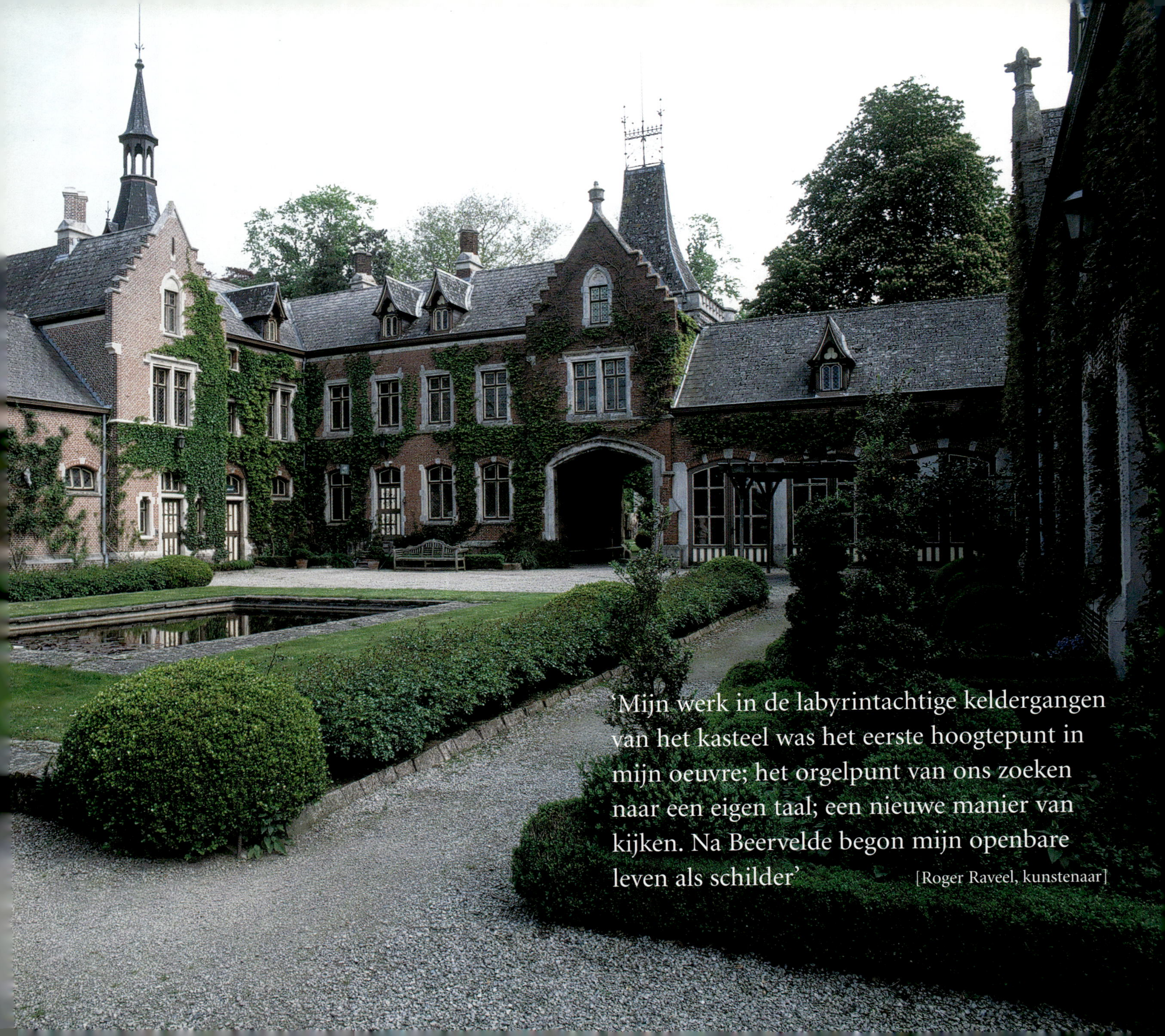

'Mijn werk in de labyrintachtige keldergangen van het kasteel was het eerste hoogtepunt in mijn oeuvre; het orgelpunt van ons zoeken naar een eigen taal; een nieuwe manier van kijken. Na Beervelde begon mijn openbare leven als schilder'

[Roger Raveel, kunstenaar]

Het Park van Beervelde

Het Park van Beervelde werd aangelegd in 1873. In de onmiddellijke omgeving van het kasteel lag een kleurrijke, geometrische Franse tuin. De rest van het terrein werd opgevat als een romantische landschapstuin met boomgroepen, grasvelden en glooiingen, waterpartijen en bochtige paden. Na de Tweede Wereldoorlog werd het kasteel gesloopt en vervangen door een neo-classicistische witte villa. De keldergangen van de villa werden in 1966 beschilderd door Roger Raveel, samen met Reinier Lucassen, Raoul De Keyser en Etienne Elias.

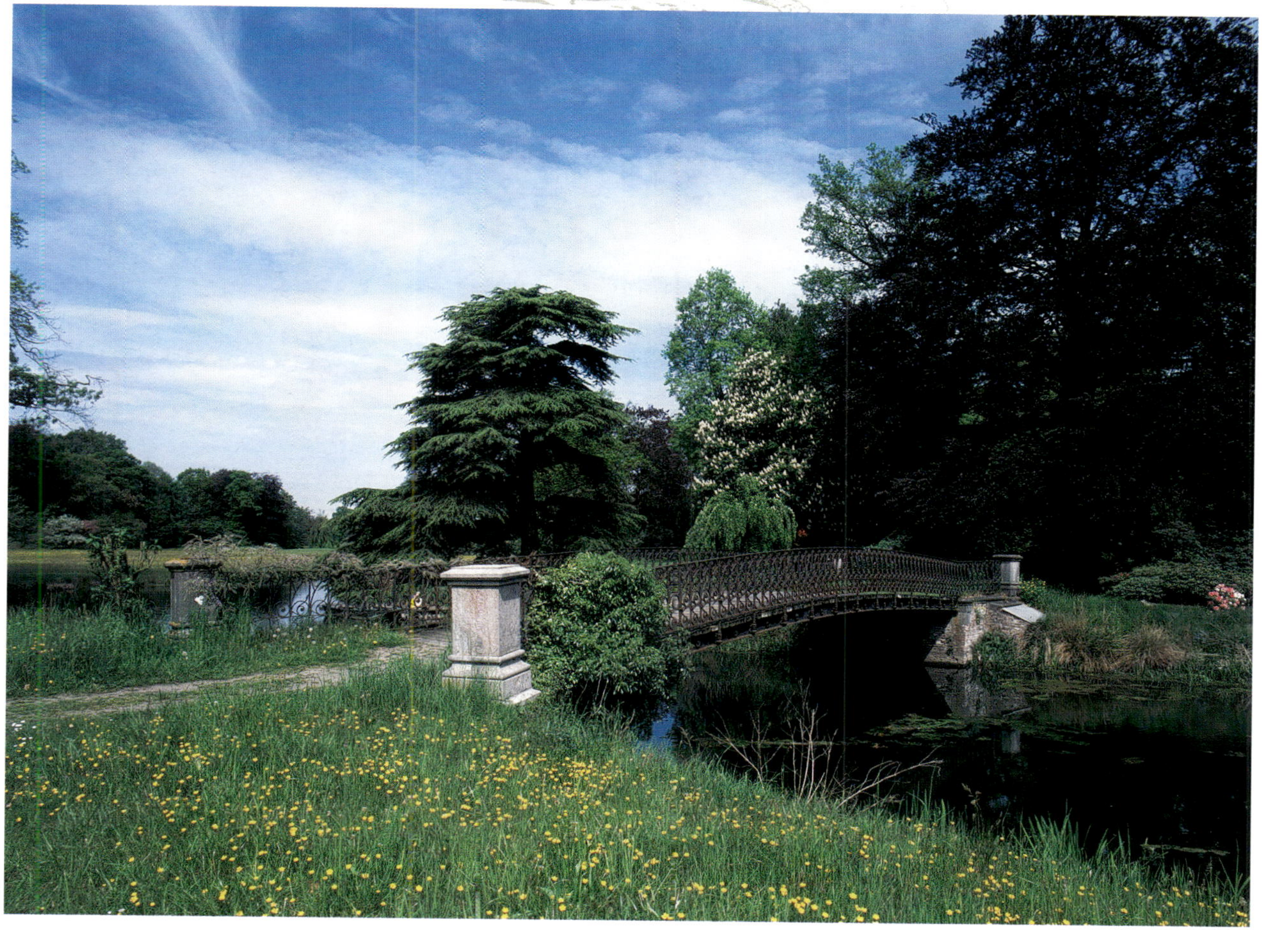

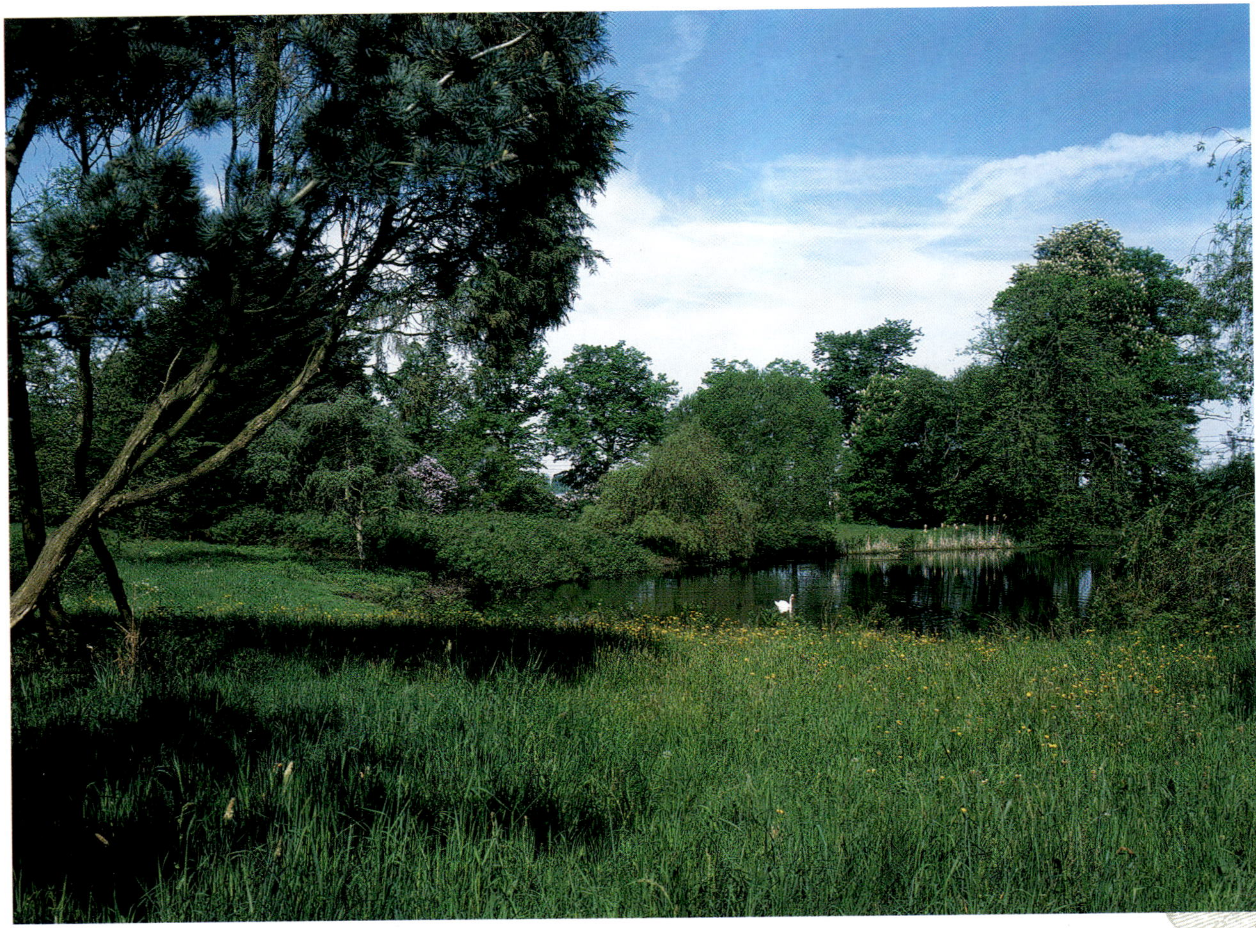

Bezoekers komen het kasteeldomein binnen bij de vroegere conciërgewoning. Twee rijen zestigjarige groene en rode beuk vormen een monumentaal bladgewelf.

Achter het huis ontvouwt het park zich: een weids landschap doorsneden van een bochtige rivier. Een gietijzeren brug leidt naar een kronkelend pad dat uitnodigt om het bos te verkennen.

‘Ik ben een tijdelijke bewaarder van wat vroegere generaties hebben gecreëerd. Het is mijn opdracht dit in stand te houden en ik zou het graag doorgeven zoals ik het gekregen heb.’

[Renaud graaf de Kerckhove de Denterghem]

De plantenrijkdom wisselt met de seizoenen: sneeuwklokje, narcis, anemoon, wilde boshyacint, boterbloem, daslook, look-zonder-look en vingerhoedskruid fleuren om beurten het groen op. Mysterieuze, schaduwrijke zones worden afgewisseld met lichtrijke plekken waar bloemen groeien, op een ogenschijnlijk spontane manier.

Voorbij een tweede brug in het midden van het bos treffen we verschillende variëteiten toverhazelaars. De weg voert naar een romantisch paviljoen met aan de voet een monumentale pergola overgroeid met blauweregen.

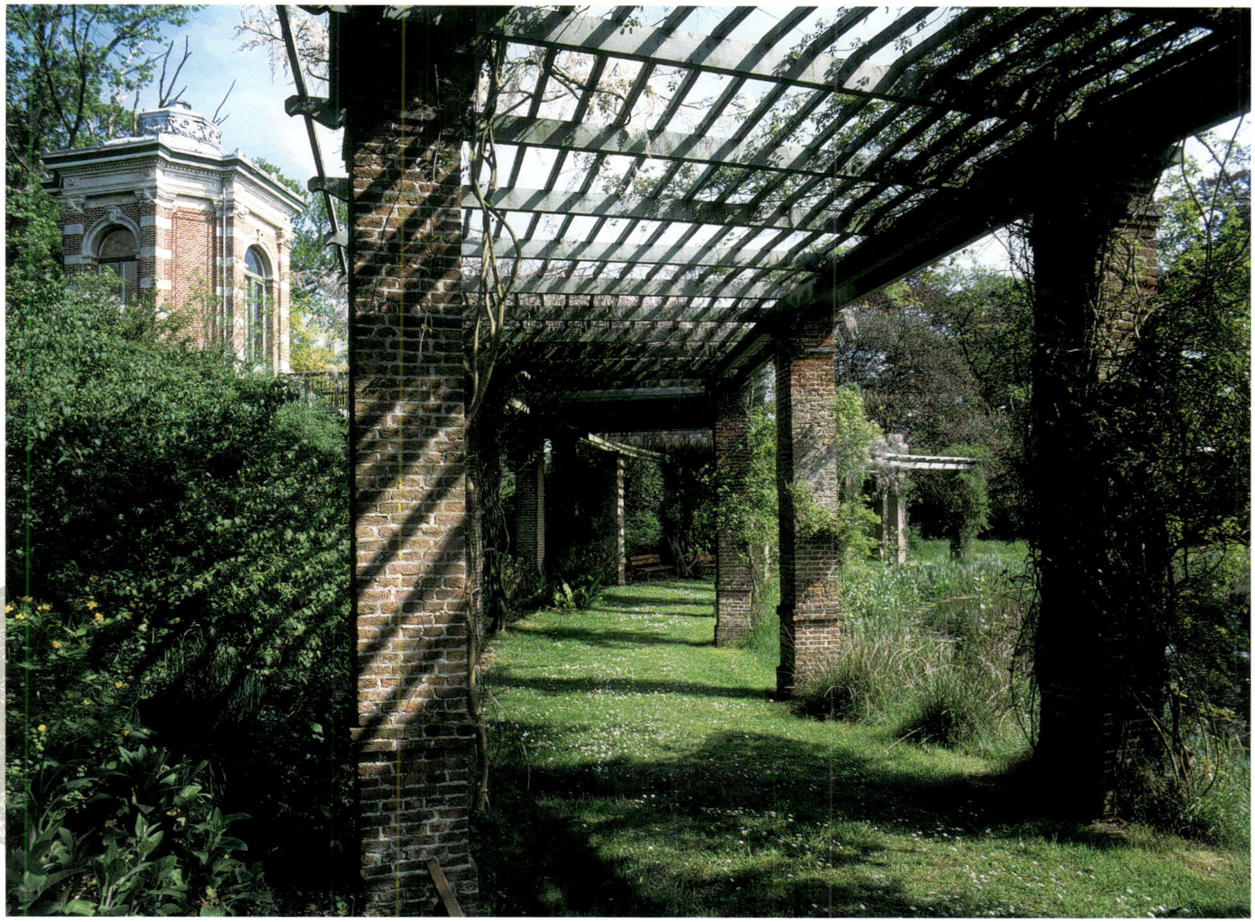

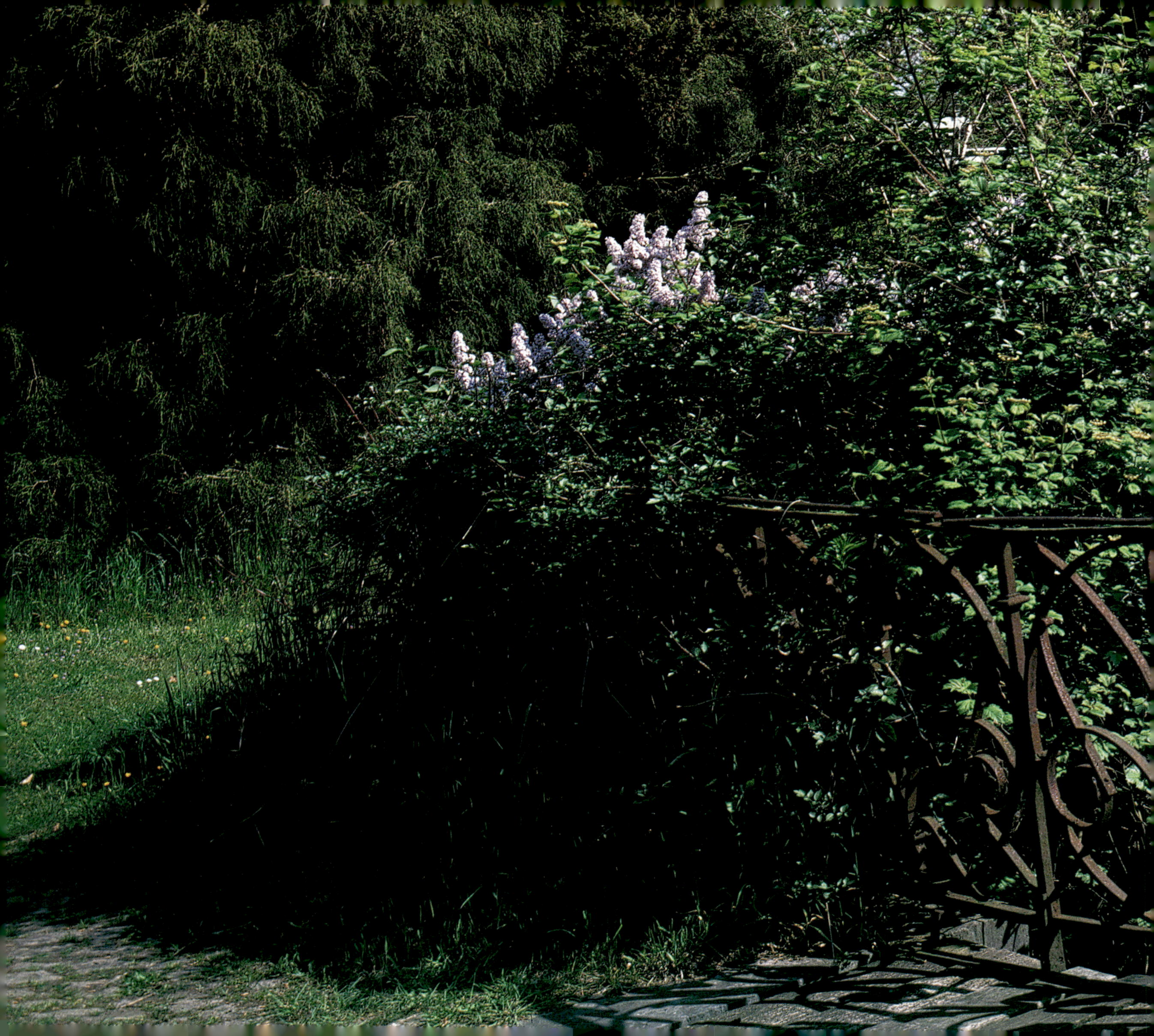

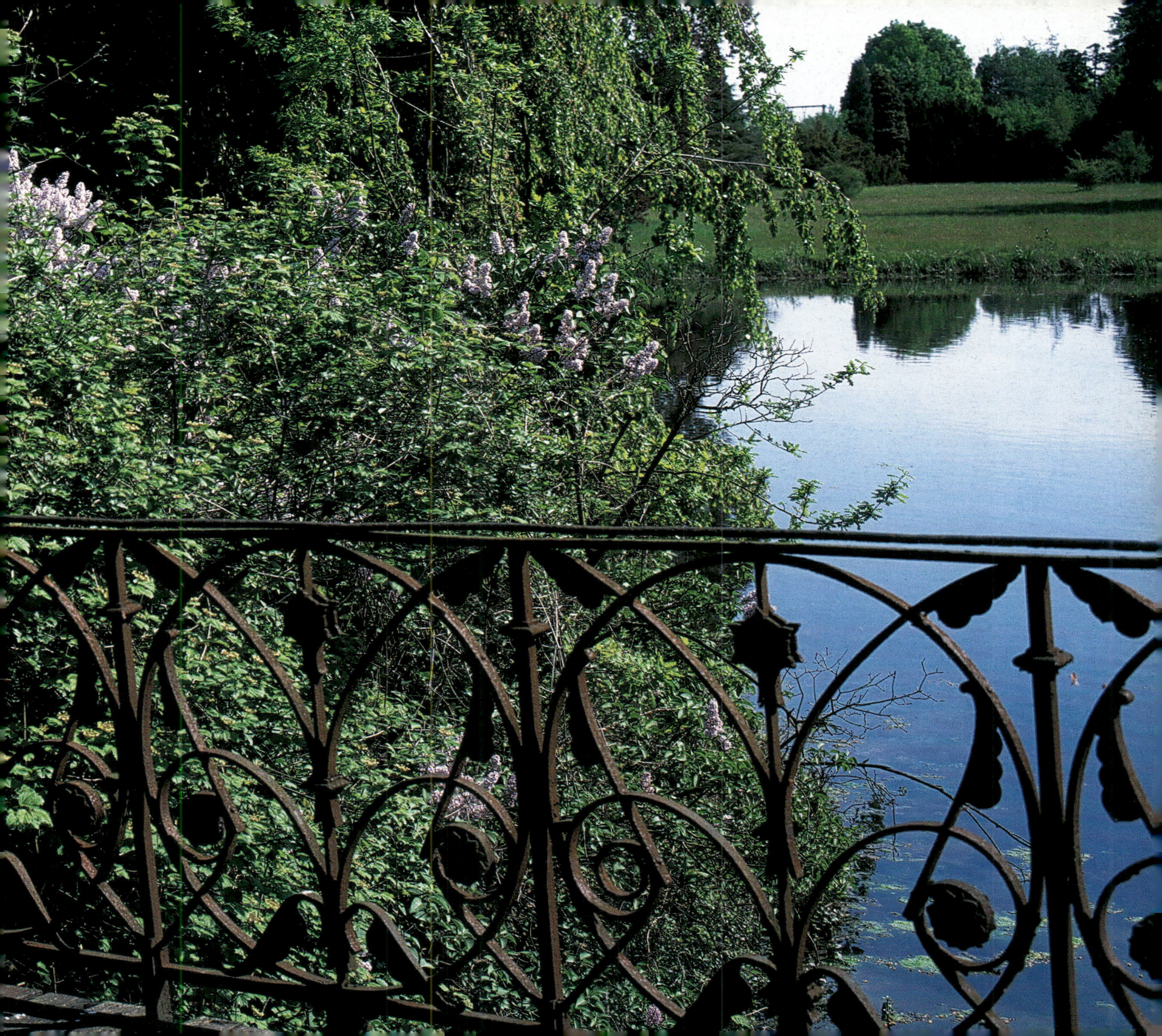

Een brede brug over de rivier, met op de oevers koningsvarens, leidt naar de bijgebouwen van het kasteel. Een smeedijzeren hekje geeft toegang tot een ommuurde moestuin.
De azalea's van Beervelde zijn een verhaal apart. In het begin van de 19de eeuw begonnen kwekers bladverliezende azalea's te kruisen. Zo ontstonden winterharde azalea's, ook *Gandavese* of *Hardy Ghent* genoemd omdat de regio van Gent de bakermat was van deze oude variëteiten. Toen de huidige eigenaar vijftien jaar geleden het beheer van het park op zich nam, stonden er hoofdzakelijk wilde azalea's, waaruit bleek dat de bodem en omgevingsfactoren uiterst geschikt waren om azalea's te kweken.

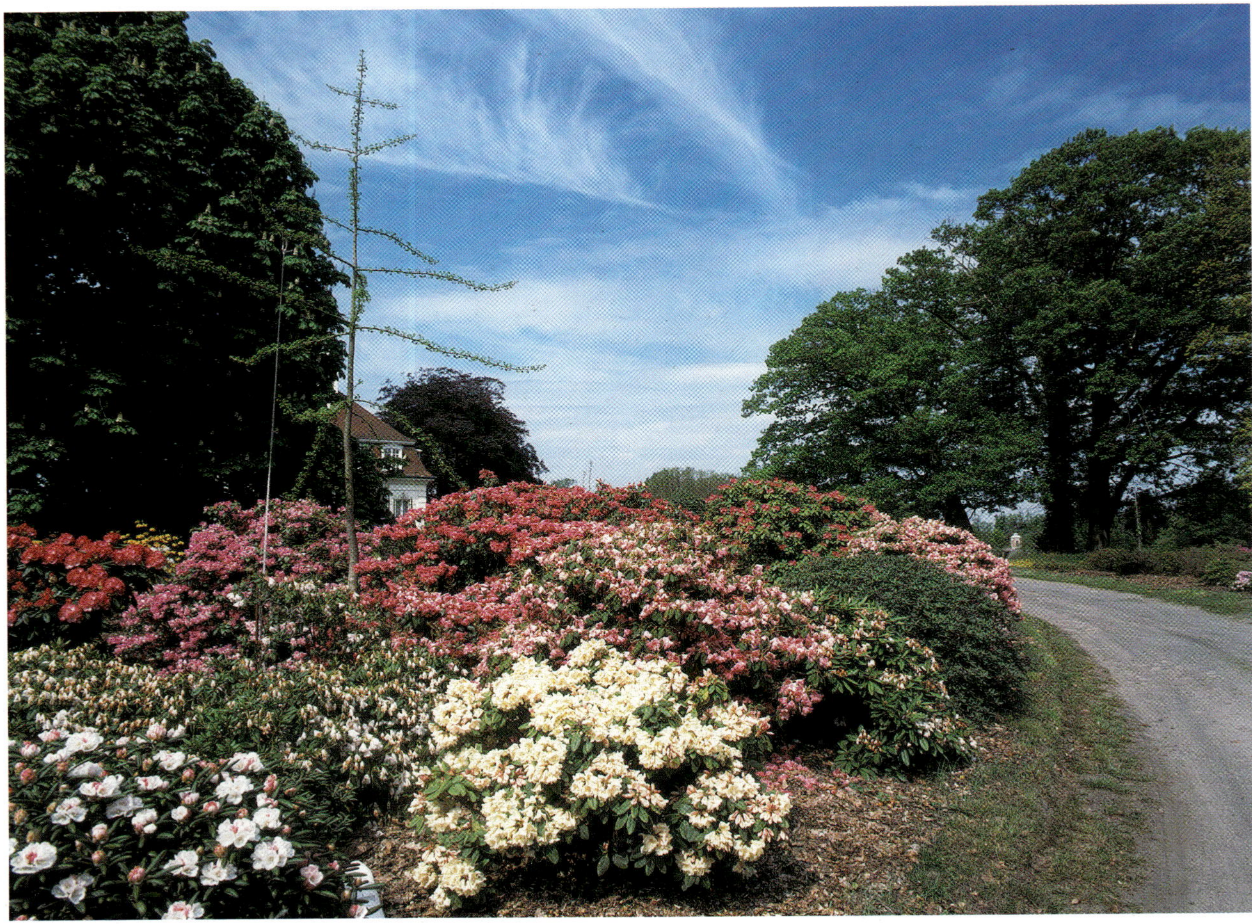

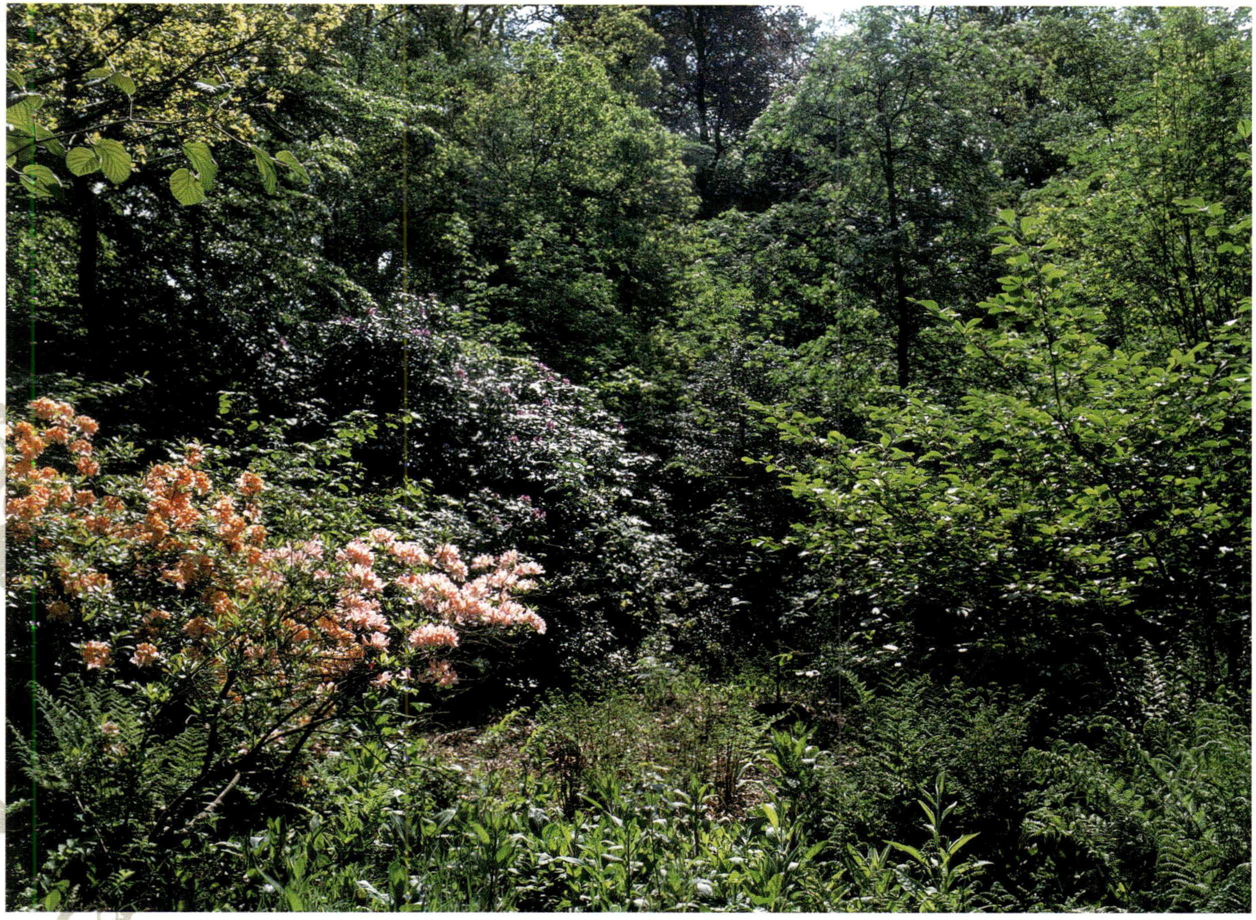

In diezelfde periode verscheen in Engeland een artikel van een zekere A. Skinner, waarin de auteur betreurde dat de oude Gentse variëteiten met uitsterven bedreigd waren. Dit was de aanzet om in Beervelde met een nieuwe azalea-collectie te starten, waarbij meer dan honderd oude variëteiten 'Harde Gentse' van de vergetelheid gered werden. Deze oude variëteiten groeien traag, hun bloemen zijn niet even talrijk en groot als de bloemen van de meer recente hybriden, maar de struik is elegant en oogt natuurlijker.

Het Park van Beervelde

Beervelde-Dorp 75, 9080 Beervelde (Lochristi)
T 09 356 81 82 F 09 355 08 31
info@parkvanbeervelde.be www.parkvanbeervelde.be
Bezoek met een gids is mogelijk na afspraak (€ 2,50 p.p.).
Het park is te bezoeken tijdens de Tuindagen van Beervelde tijdens het tweede weekend van mei en van oktober (€ 8 p.p.).
OMD: 10-18 uur, doorlopend gratis gidsbeurten.

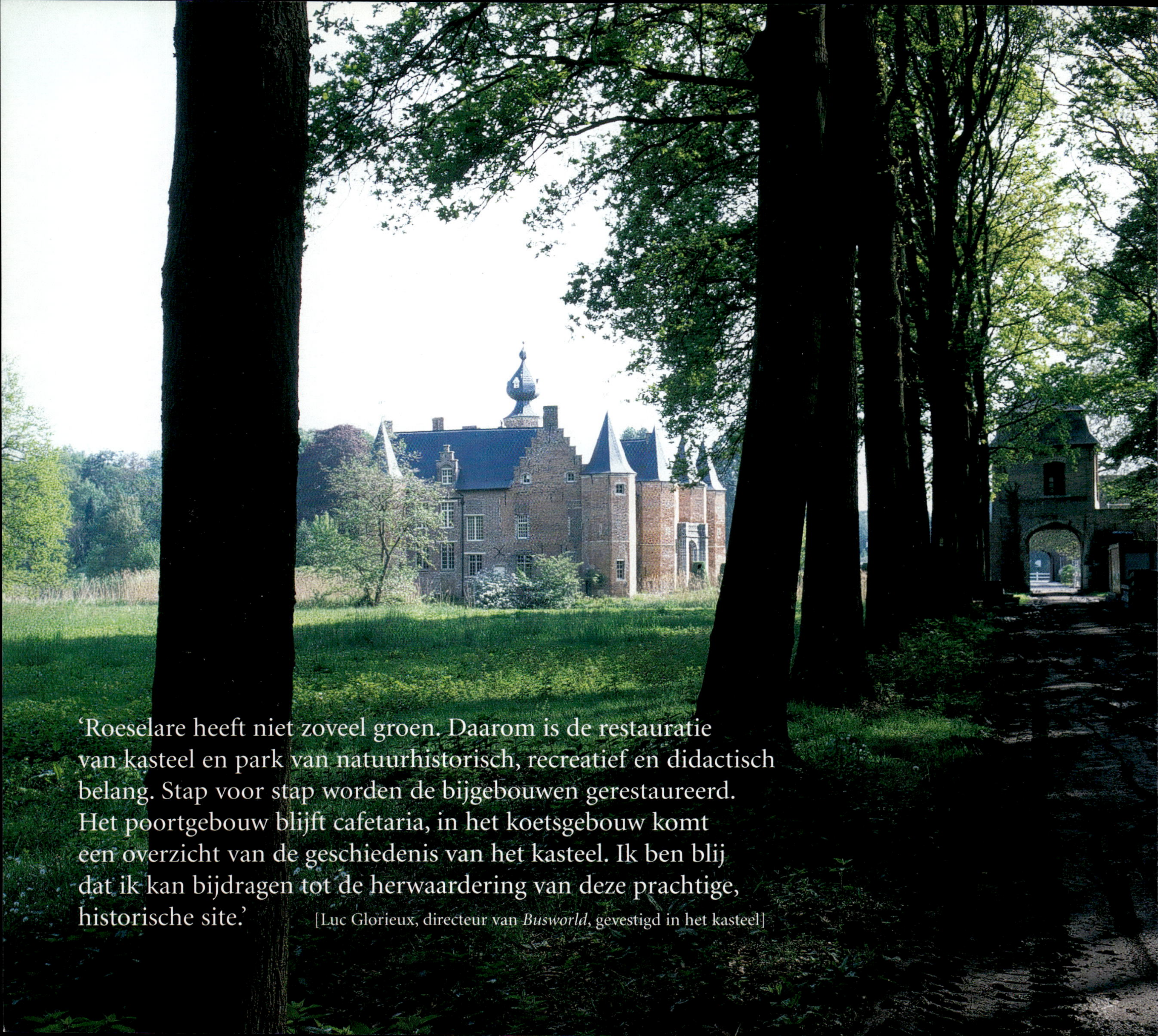

'Roeselare heeft niet zoveel groen. Daarom is de restauratie van kasteel en park van natuurhistorisch, recreatief en didactisch belang. Stap voor stap worden de bijgebouwen gerestaureerd. Het poortgebouw blijft cafetaria, in het koetsgebouw komt een overzicht van de geschiedenis van het kasteel. Ik ben blij dat ik kan bijdragen tot de herwaardering van deze prachtige, historische site.' [Luc Glorieux, directeur van *Busworld*, gevestigd in het kasteel]

Het Kasteel van Rumbeke

Het Kasteel van Rumbeke in Vlaamse renaissancestijl dateert van de eerste helft van de 16de eeuw. Het is een van de eerste kastelen in Vlaanderen die gebouwd werden in baksteen. Tijdens de Tweede Wereldoorlog werd het kasteel zwaar beschadigd. Architect Jacques Viérin restaureerde het geheel en gaf de grote toren een uivormige koepel.

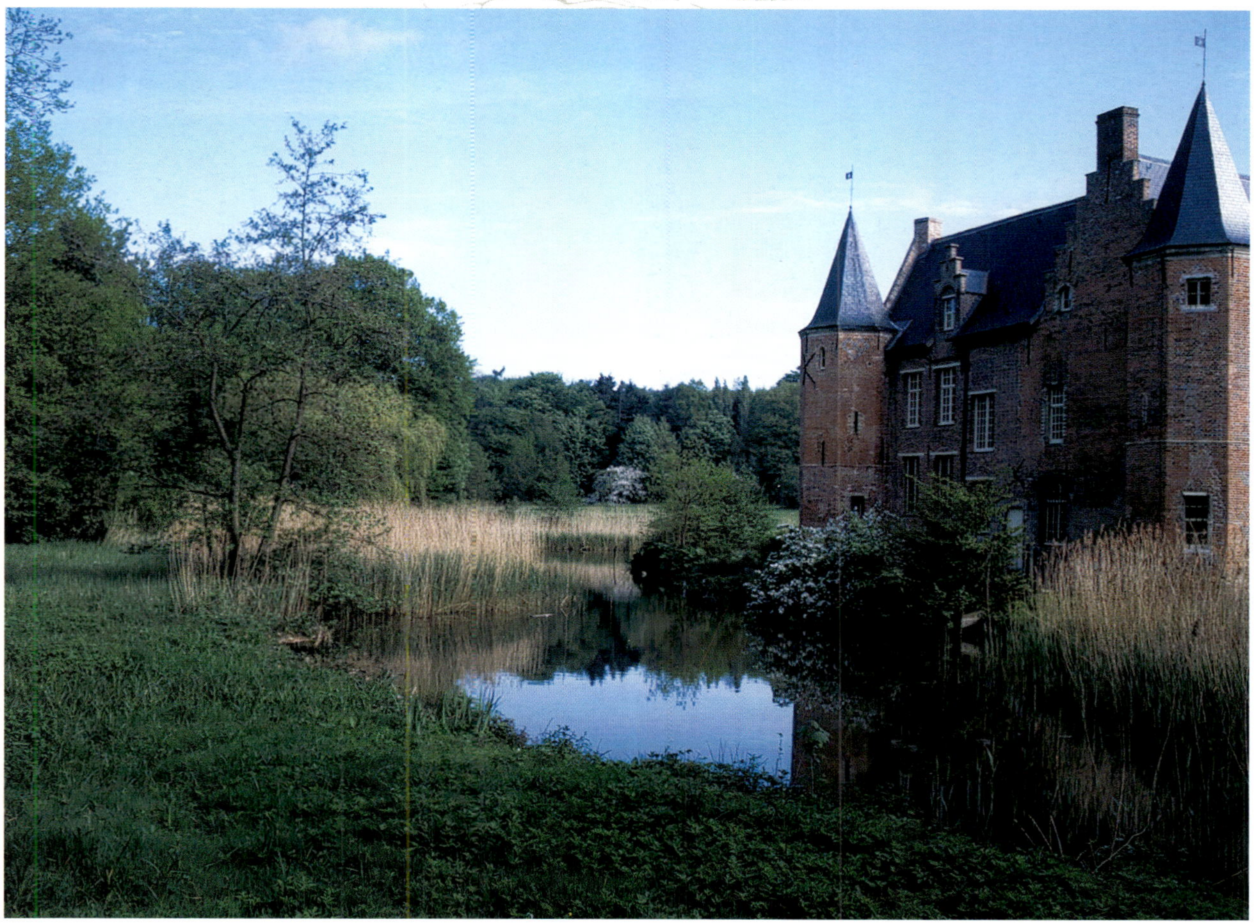

Wanneer de bezoeker via het poortgebouw het kasteeldomein binnengaat, wordt hij verrast door een oude solitaire plataan met een majestueuze kroon. Achter het kasteel bevindt zich een open vlakte, begrensd door een hoge, vervallen tuinmuur. De nagels in de muur dienden ooit als steunpunten voor de draden die het leifruit moesten stutten.

Sommige fruitbomen in de tuin zijn tweehonderd jaar oud en dragen ieder jaar nog uitbundig vruchten. Hier lag oorspronkelijk de Engelse tuin. Bij de vervallen toegangspoort tot het Provinciaal domein Sterrebos liggen twee sterk verlande vijvers. Een rij in verdiepingen gesnoeide linden biedt een ideale slaapplaats voor vleermuizen.

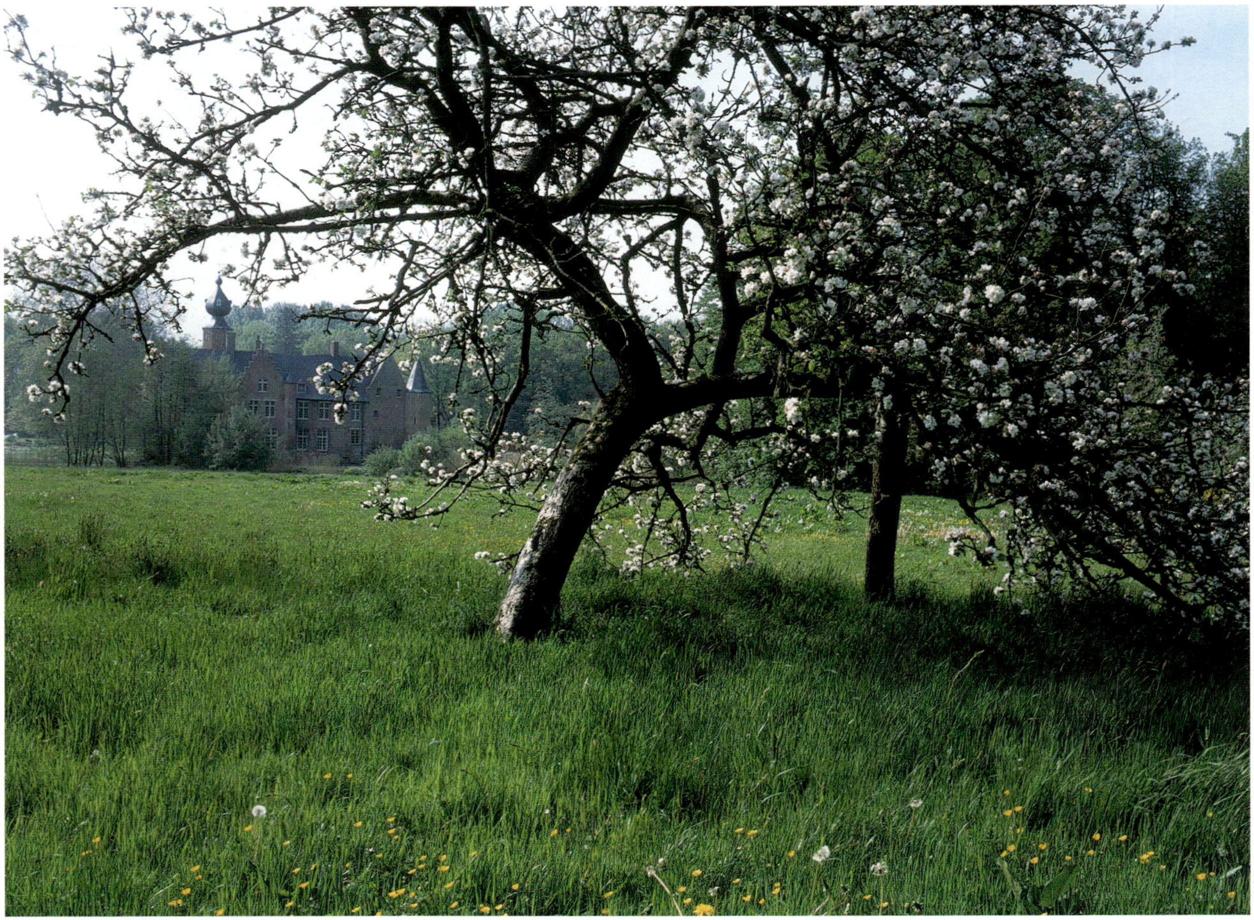

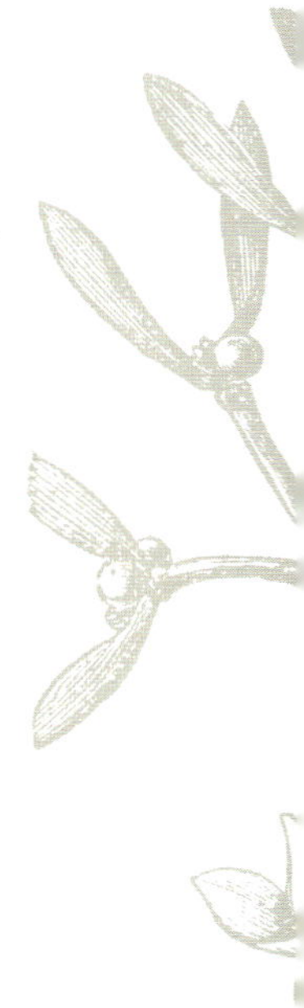

De lanen in het bos creëren door hun stervormige structuur doorzichten naar de monumenten, klokkentorens en molens in de omgeving van het domein.

De laan achter de vijvers vormt een bij momenten erg lawaaierige paringsplaats voor eksters. Naast moerascipres en moeraseik bevat het Sterrebos een van de grootste amberbomen van België en een Corsicaanse den van 250 jaar oud, tevens de oudste boom van het park.

Naast een moestuin en tabaksplantage had het park vroeger ook een zogenaamde reigerij, waar reigers werden gehouden om de paling uit de vijvers te vissen. Een ring om hun hals zorgde ervoor dat ze de lekkernij niet konden inslikken.

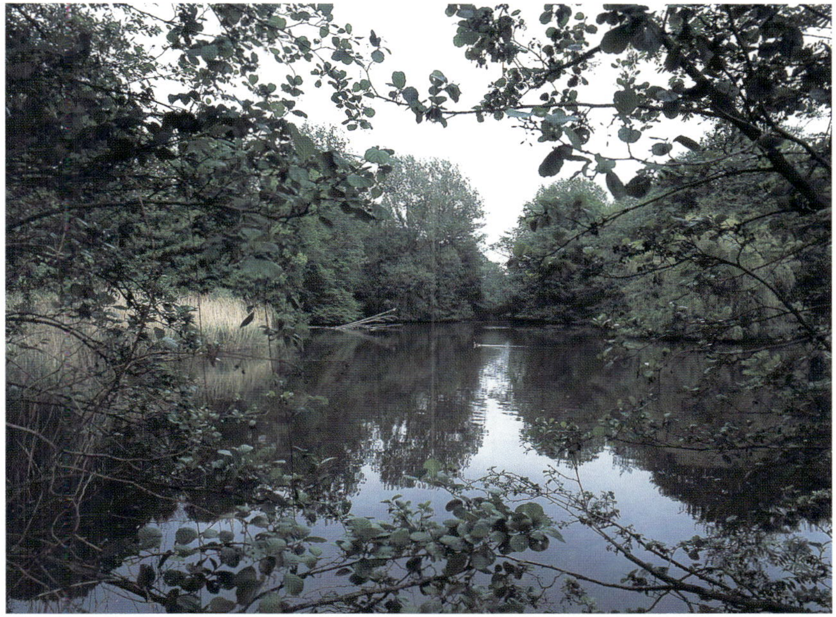

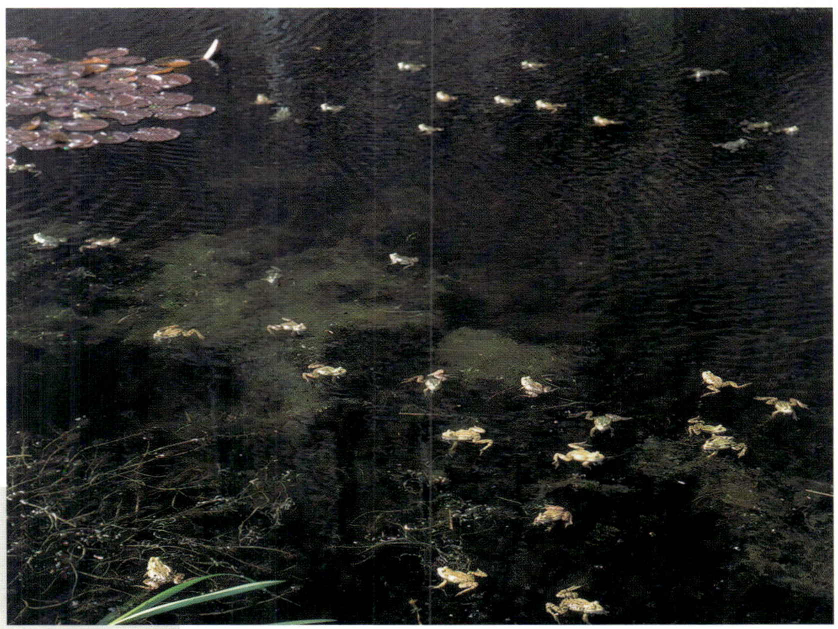

Het Kasteel van Rumbeke

Moorseelsesteenweg 2, 8800 Roeselare
T 051 22 60 60 F 051 22 92 73
Open op aanvraag.
OMD: 10-12 uur en 14-16 uur. Gidsbeurten.
Provinciedomein 't Sterrebos
Open van zonsopgang tot zonsondergang.

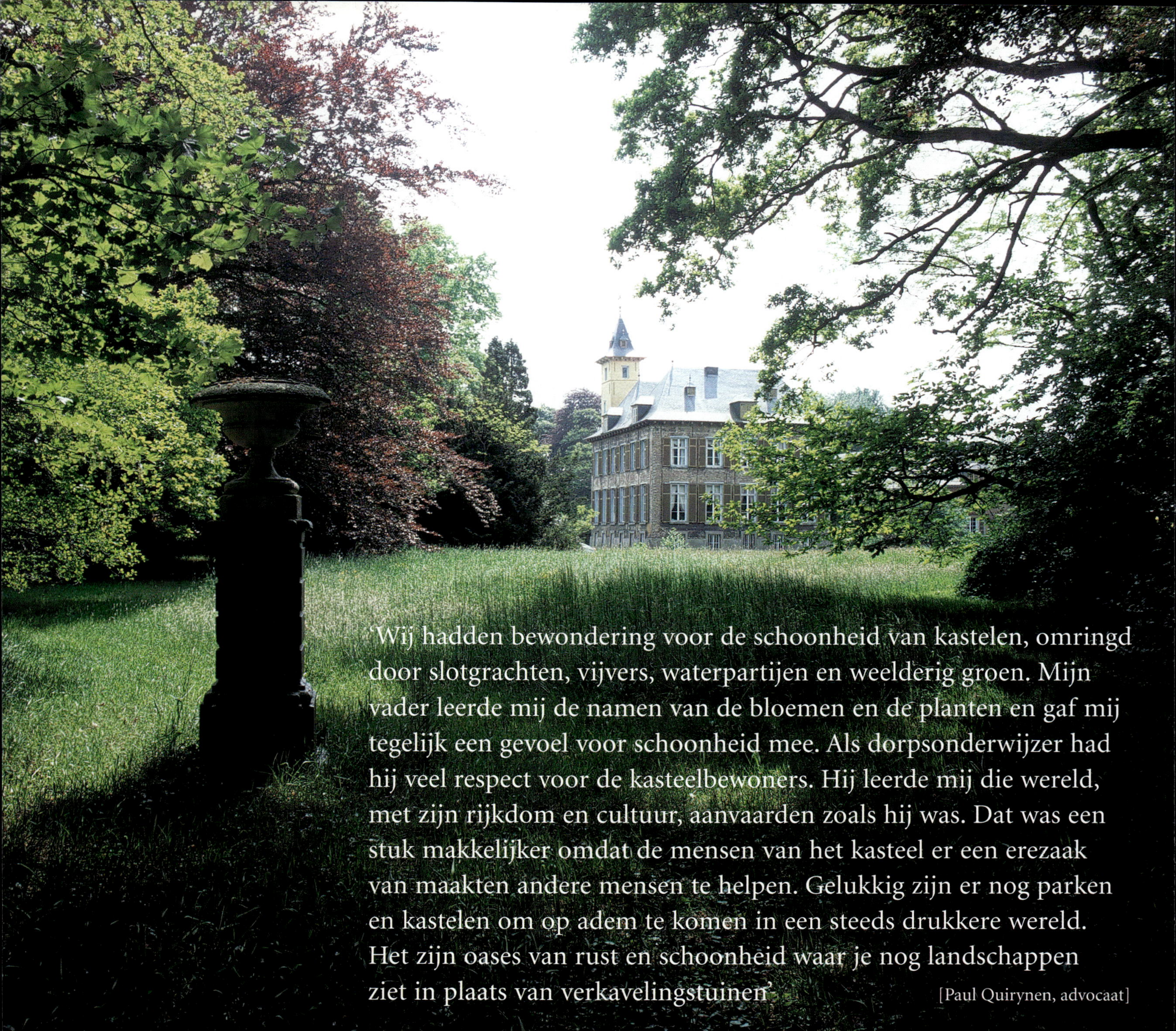

'Wij hadden bewondering voor de schoonheid van kastelen, omringd door slotgrachten, vijvers, waterpartijen en weelderig groen. Mijn vader leerde mij de namen van de bloemen en de planten en gaf mij tegelijk een gevoel voor schoonheid mee. Als dorpsonderwijzer had hij veel respect voor de kasteelbewoners. Hij leerde mij die wereld, met zijn rijkdom en cultuur, aanvaarden zoals hij was. Dat was een stuk makkelijker omdat de mensen van het kasteel er een erezaak van maakten andere mensen te helpen. Gelukkig zijn er nog parken en kastelen om op adem te komen in een steeds drukkere wereld. Het zijn oases van rust en schoonheid waar je nog landschappen ziet in plaats van verkavelingstuinen'

[Paul Quirynen, advocaat]

Kasteel Laarhof

Kasteel Laarhof gaat terug tot het begin van de 15de eeuw. De heerlijkheid 'Laar' was toen een van de vijf uitbatingskernen van een uitgestrekt landgoed dat een deel van het dorp Reet omvatte. Meer dan twee eeuwen later vormde de toenmalige eigenaar de productiegronder om tot een riante renaissancetuin die goed vijftig jaar later weer een barokke structuur kreeg. Het is toen dat het domein zijn kenmerkende uitzicht kreeg: door een spel van lanen, hoofd- en zij-assen, praalbogen, obelisken en beeldhouwwerken worden de nieuwe tuinen en het omwalde sterrenbos een staalkaart van barokke trompe-l'oeil tuinarchitectuur.

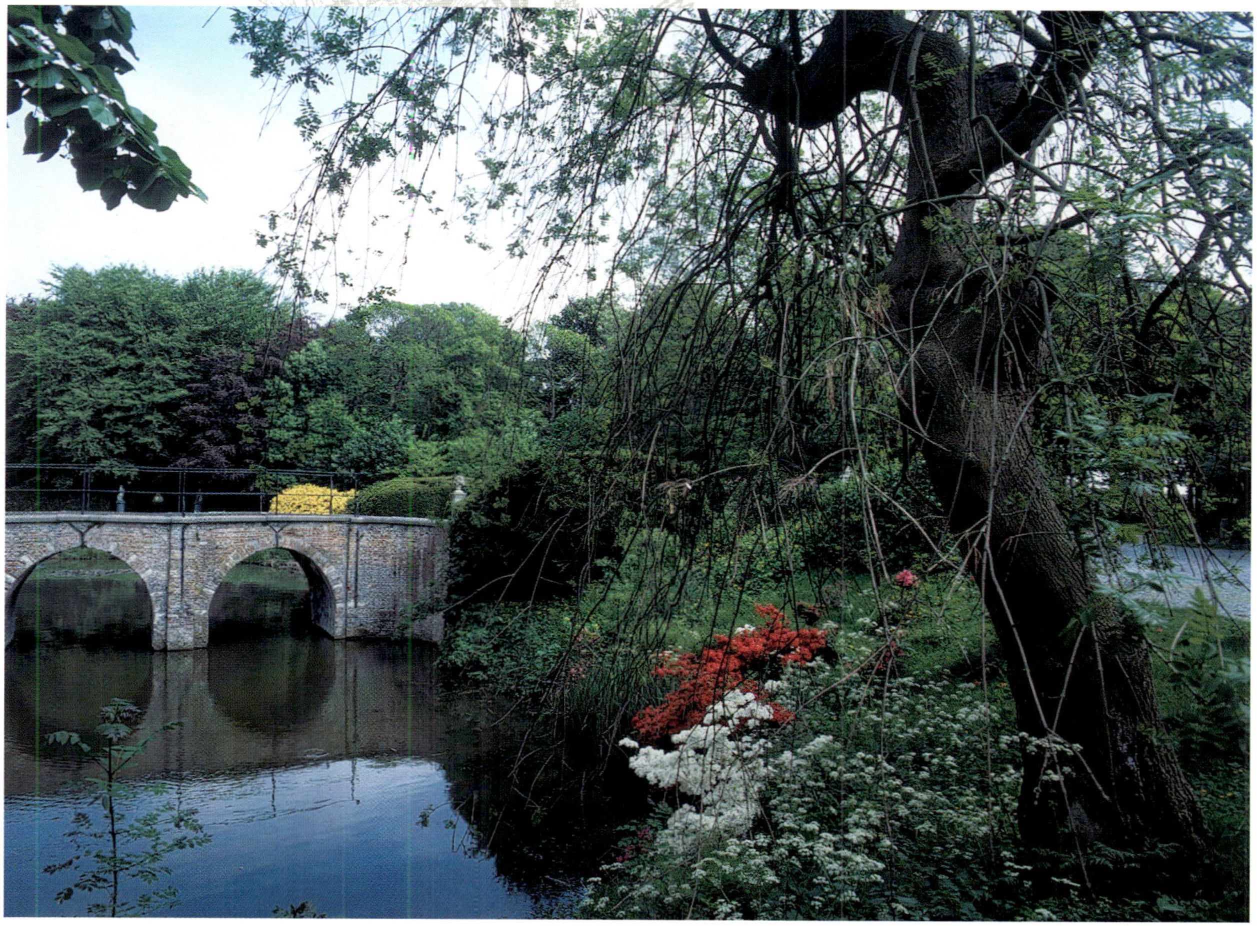

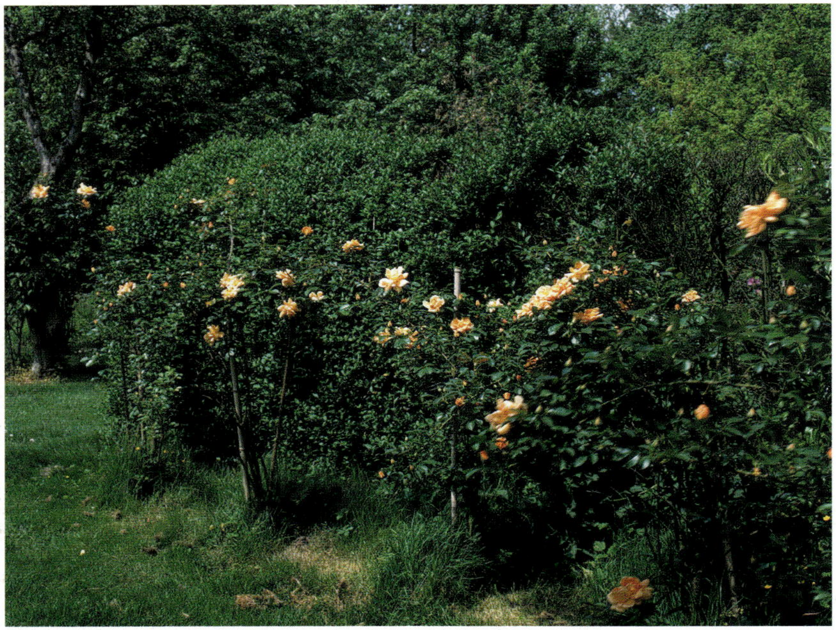

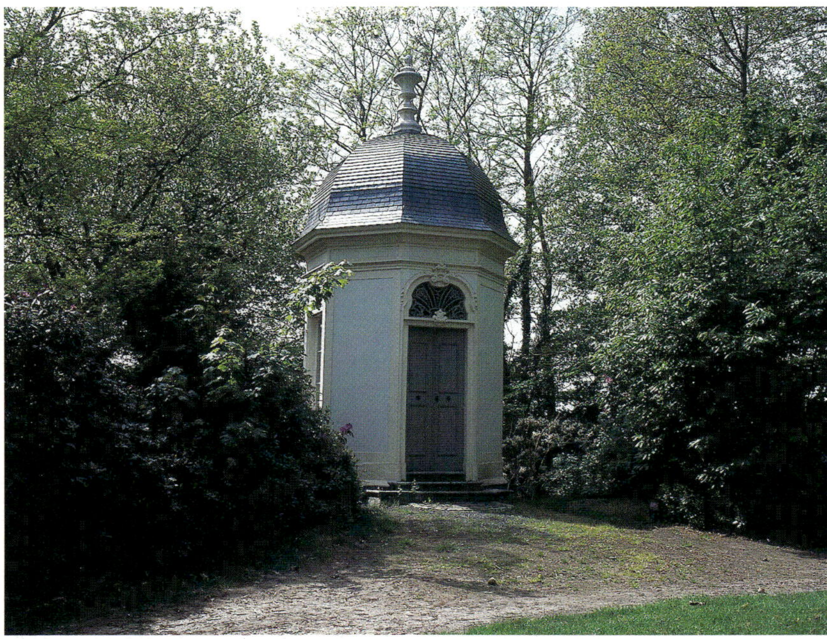

In de Engelse landschappelijke stijl die het domein later kreeg, en die we nu nog herkennen, is de perspectivische structuur nog duidelijk aanwezig. Vooral de twee ingenieus bedachte triomfbogen die op 300 meter van elkaar liggen en waarvan de tweede kleiner is dan de eerste trekken de aandacht.

De voorlopig gedeeltelijk braakliggende moestuin is een relict met heel wat hoogstammige fruitbomen. Die bevindt zich aan de overkant van de tweede watergordel rondom het kasteel en is te bereiken via een smeedijzeren, ezelsrugvormige brug met houten balustrade. Uitkijkend op de groentetuin, dicht bij de omheiningsmuur en midden in het groen staat een fraai 19de-eeuws, gietijzeren bouwwerk in neogotische stijl met glasramen. Dit paviljoentje zou op de wereldtentoonstelling van 1885 in Antwerpen gestaan hebben en vervolgens naar hier overgebracht zijn. Het tweede paviljoen is een bepleisterd en beschilderd rococo theehuis van 1750, bekroond met een vaas, hier geplaatst in de 19de eeuw.

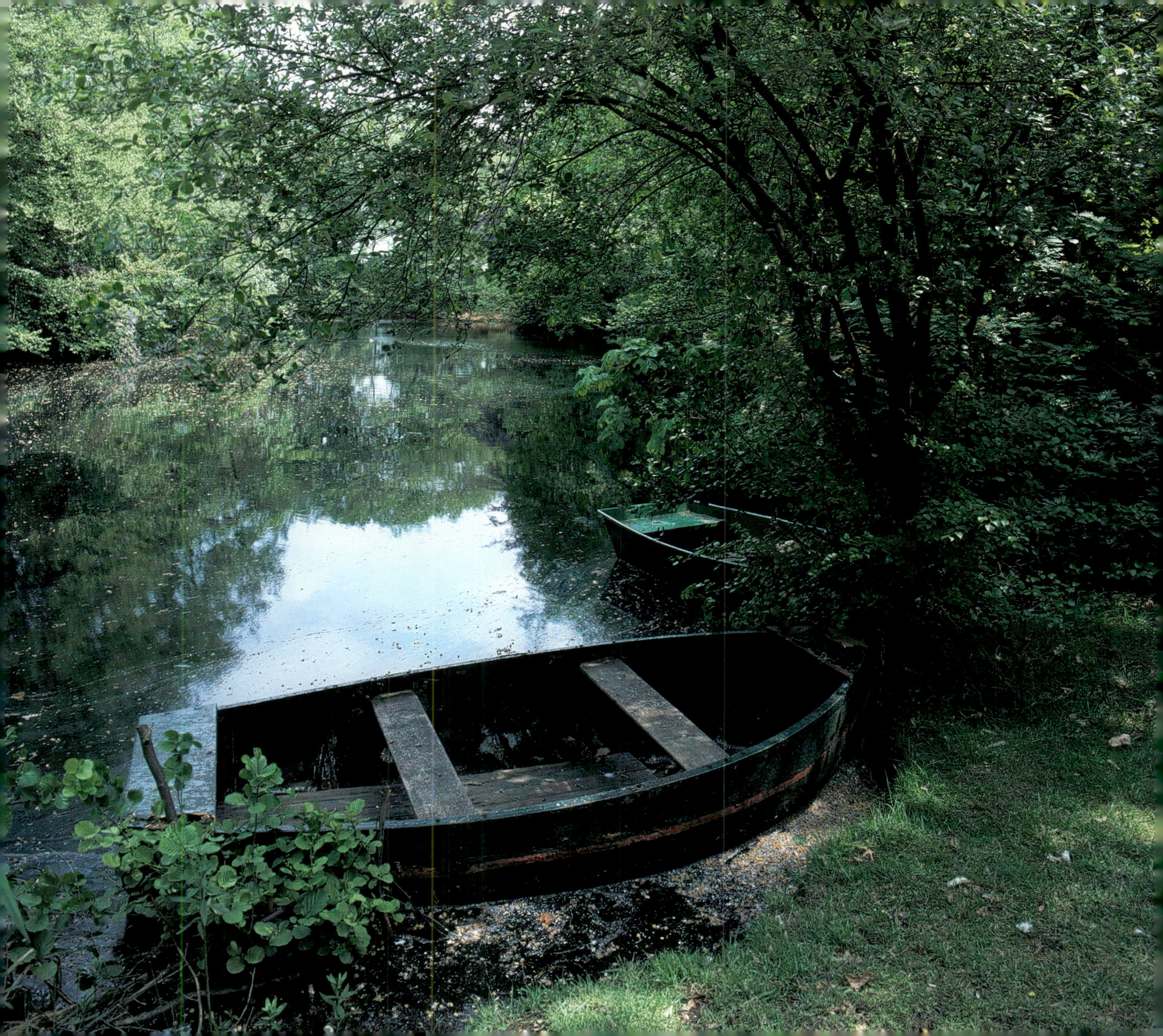

De huidige kasteeltuin is het resultaat van een behoudsgezinde instelling en traditioneel hoveniers-werk. Het gebied evolueerde traag tot een gunstig microklimaat met natuurlijke overgangen: zon-schaduw, vochtig-droog, zuur-neutraal en schraal-voedselrijk. Er is respect voor bestaande toevalligheden, de strooisellaag blijft liggen, herbiciden zijn taboe, de moslaag krijgt dankzij de geringe betreding alle kansen.

Sinds kort is er ook een combinatie van intensief (gazons) en extensief maaibeheer (kruidenrijke hooilanden). In Laarhof vinden we artefacten terug van liefst vijf voormalige tuinen (middeleeuwse gracht, renaissancegebouwen, barok grachtenstelsel, sterren-bos en landschappelijke gazons), gecombineerd met een gevarieerde beplanting. Laarhof is met andere woorden een natuurhistorisch relictgebied.

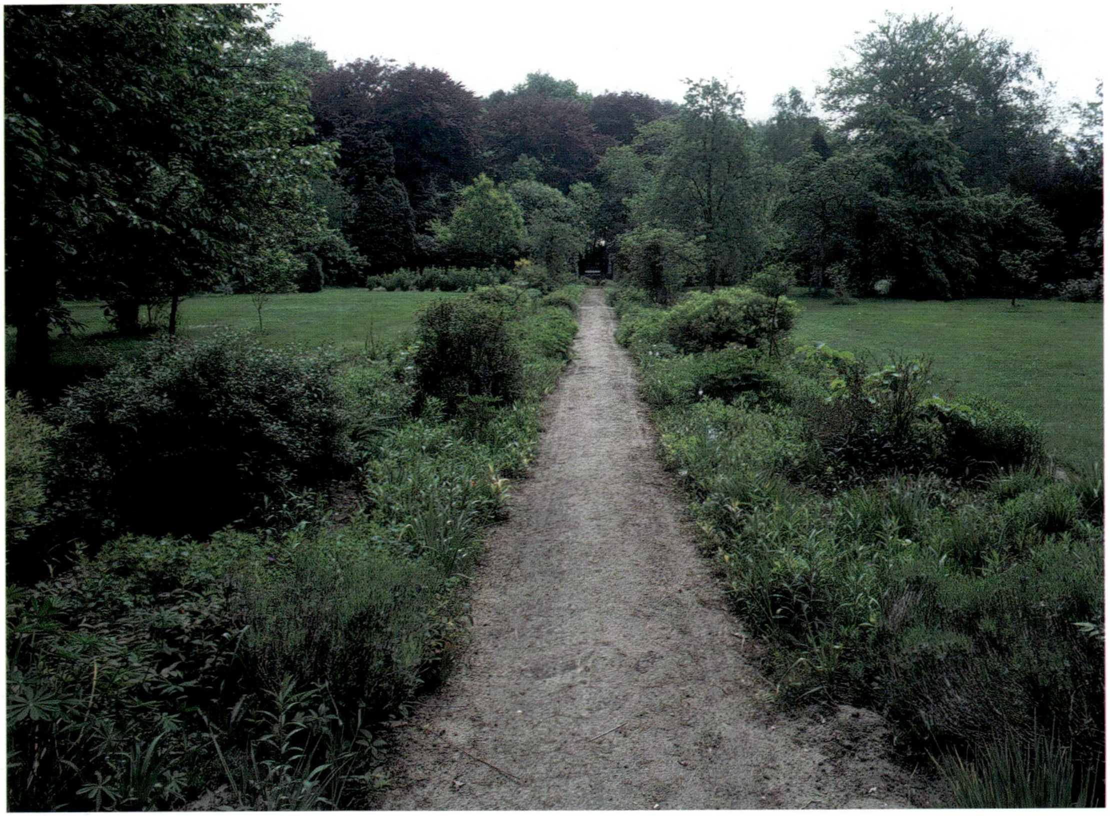

De oudste beuken van het park zijn 250 jaar. De meest markante parkbomen zijn zilverlinde, een prachtige solitaire bruine beuk, treures op de binnenplaats (typisch voor een neerhof), moeraseik en Amerikaanse eik.
In de mate van het mogelijke blijven dode bomen staan. Zo dienen ze nog als voedsel en slaapplaats voor insecten, roof- en zangvogels en kleine knaagdieren. Dankzij het microklimaat heeft het domein een gevarieerde fauna, met de ijsvogel, de uil, de groene en bonte specht, de egel, reiger, Vlaamse gaai, boomklever en boomkruiper als vaste gasten. In de gracht zwemmen karper, voorn en waterhoen en leeft ook de zoetwater- of zwanenmossel.

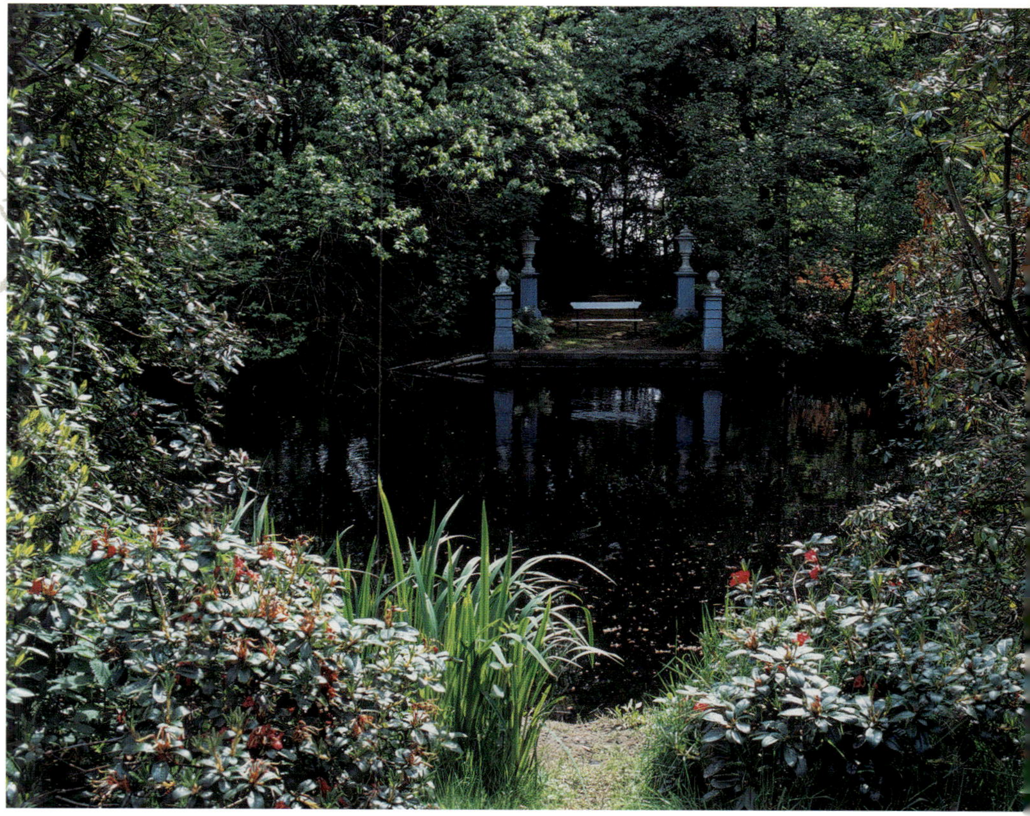

Laarhof – Kasteel van Laar

Rumstsestraat 15, 2840 Rumst (deelgemeente Reet)
T 03 888 16 56 www.monument.vlaanderen.be
Op andere dagen na telefonische afspraak.
Het kasteel is niet toegankelijk.
OMD: 10-16 uur.

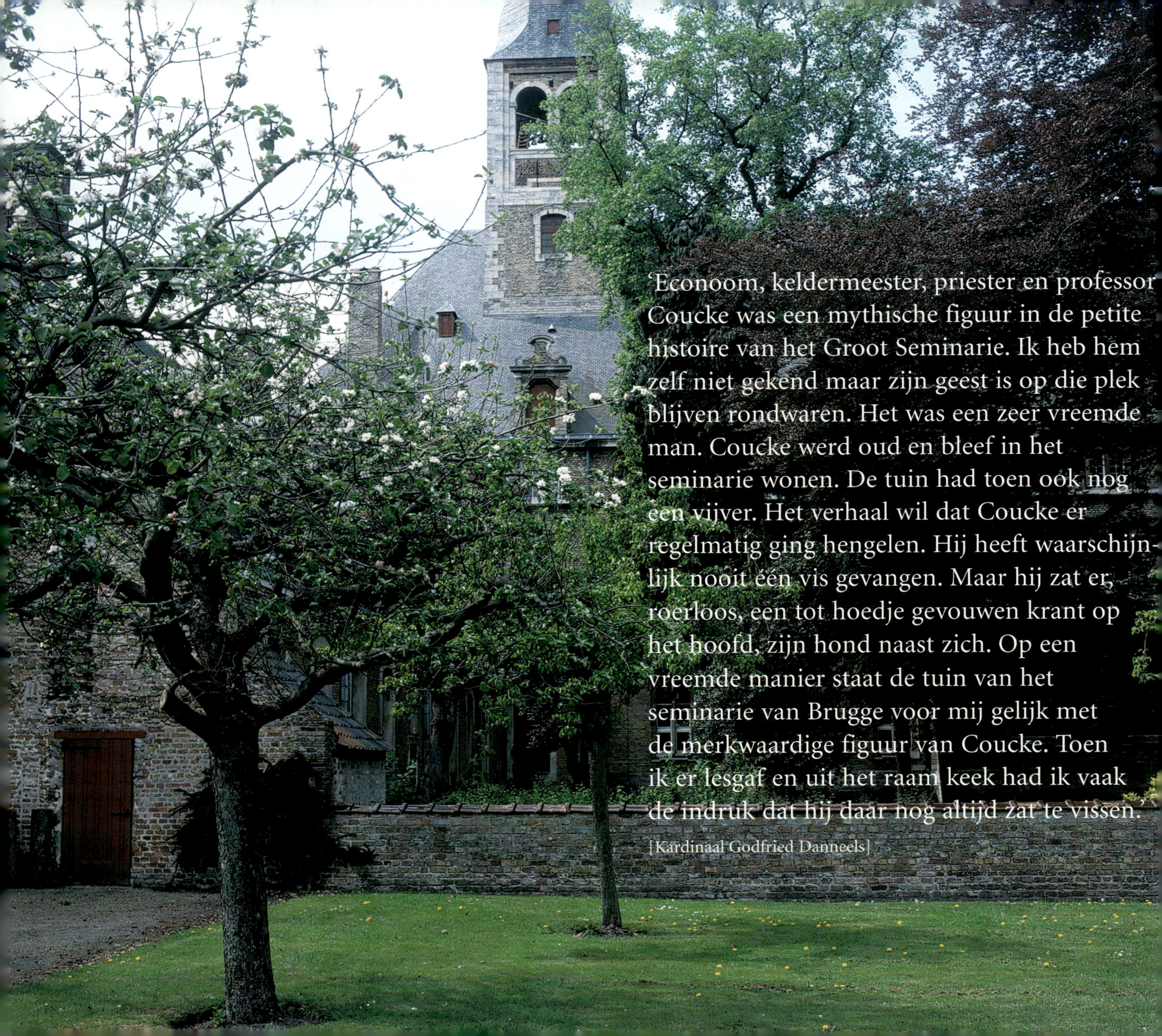

'Econoom, keldermeester, priester en professor Coucke was een mythische figuur in de petite histoire van het Groot Seminarie. Ik heb hem zelf niet gekend maar zijn geest is op die plek blijven rondwaren. Het was een zeer vreemde man. Coucke werd oud en bleef in het seminarie wonen. De tuin had toen ook nog een vijver. Het verhaal wil dat Coucke er regelmatig ging hengelen. Hij heeft waarschijnlijk nooit één vis gevangen. Maar hij zat er, roerloos, een tot hoedje gevouwen krant op het hoofd, zijn hond naast zich. Op een vreemde manier staat de tuin van het seminarie van Brugge voor mij gelijk met de merkwaardige figuur van Coucke. Toen ik er lesgaf en uit het raam keek had ik vaak de indruk dat hij daar nog altijd zat te vissen.'

[Kardinaal Godfried Danneels]

Het Grootseminarie van Brugge

Het Grootseminarie van Brugge is gehuisvest in een 17de-eeuwse abdij in barokstijl. Die voormalige cisterciënzerabdij kwam er nadat de cisterciënzermonniken van de Duinen-abdij in Koksijde hun toevlucht hadden gezocht in het veiligere Brugge. De nieuwe abdij van de Duinheren moest groter en prestigieuzer zijn dan die van de in Brugge reeds aanwezige jezuïeten. De ommuurde Duinenabdij met haar opmerkelijke tuin en boomgaard werd een van de belangrijkste Brugse bouwwerken uit de 17de en 18de eeuw. Na de Franse Revolutie werd de abdij opgeheven en deed ze achtereenvolgens dienst als school, militaire opslagplaats, museum en seminarie.

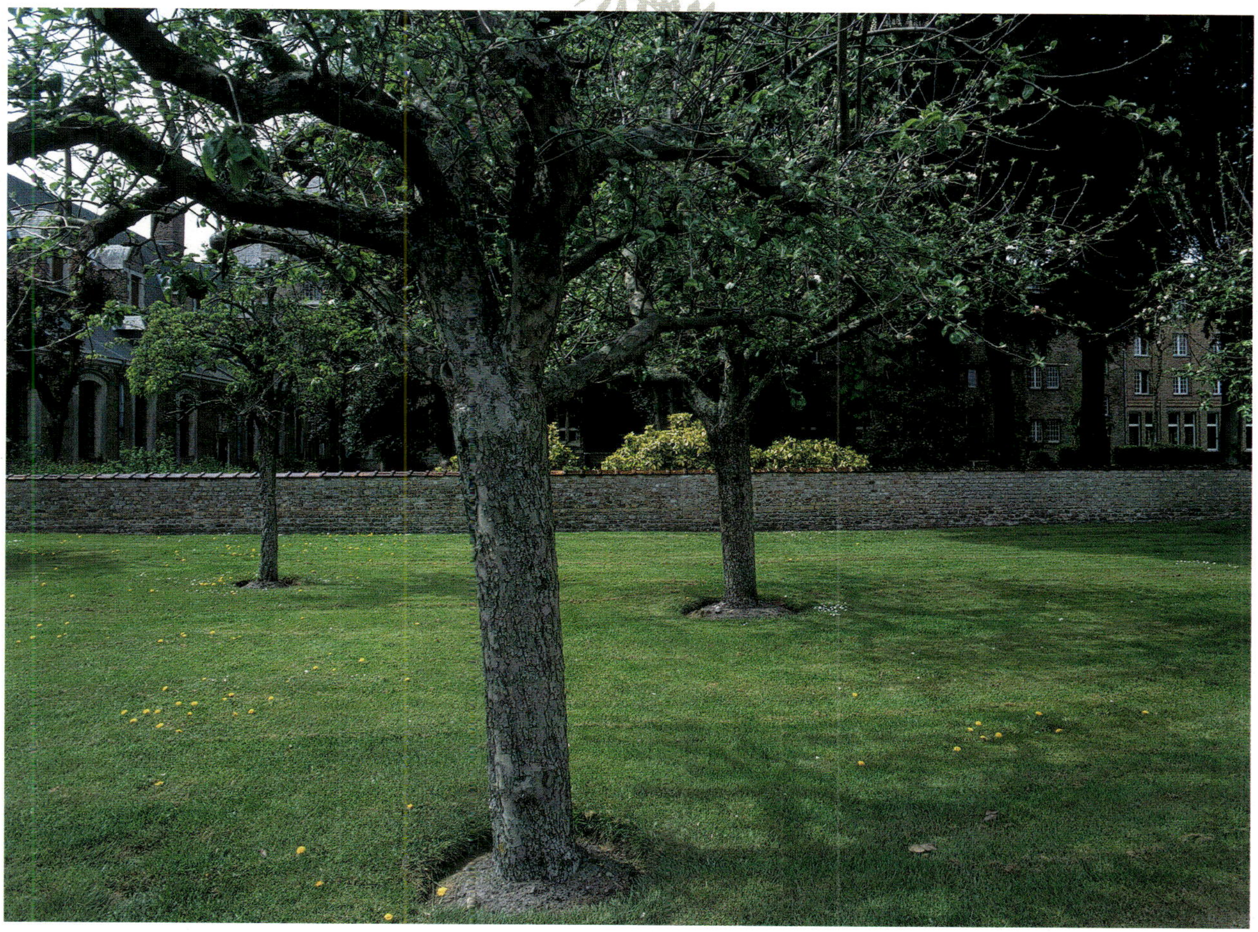

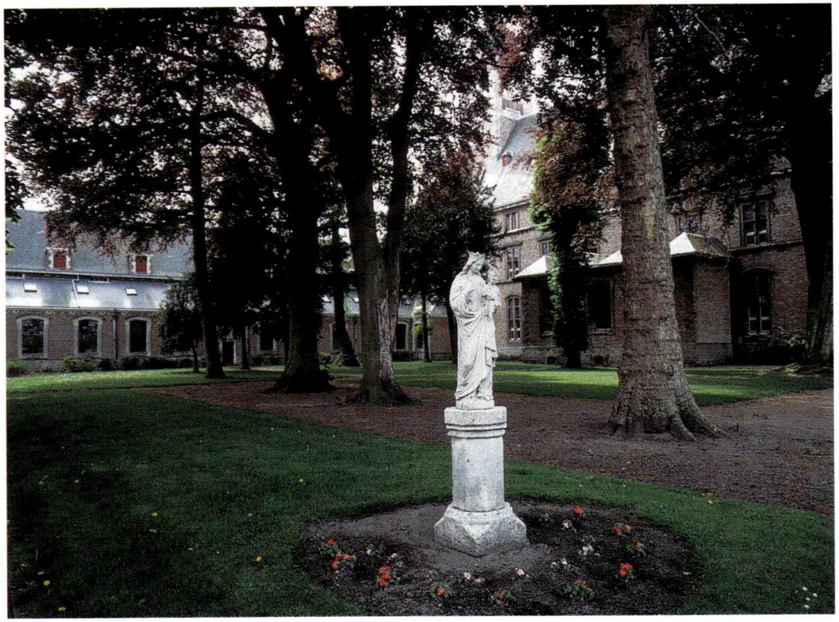

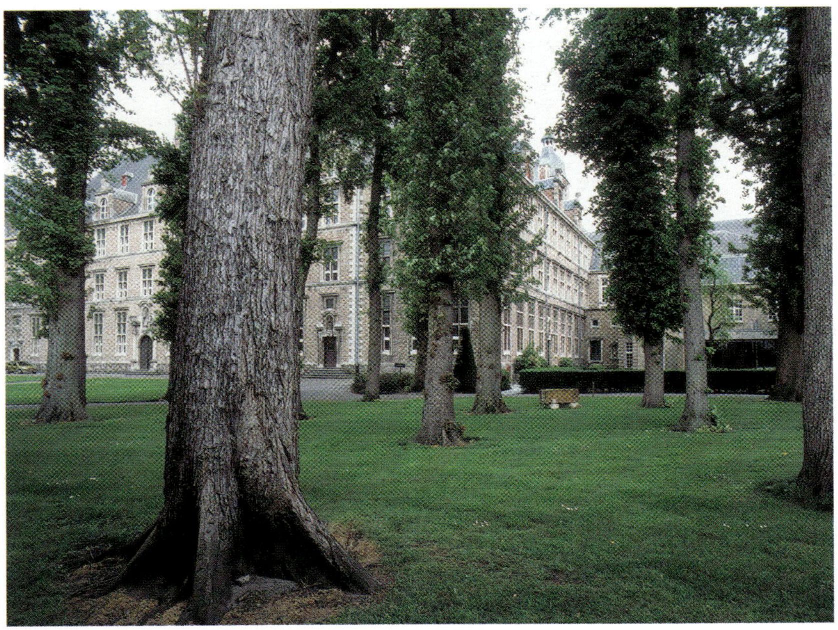

Vanuit de kerk bereikt men het adembenemende grote pand, de kern van de abdij. Hier konden monniken verpozen en in hun vrije uren lezen en mediteren.
De vertrekken errond zijn gegroepeerd volgens het ideaalplan van de cisterciënzers.
De vier galerijen omsluiten de pandhof.
De refter is vanaf de zijvleugel bereikbaar.
Grote segmentboogvensters zorgen voor het nodige licht in wat toch de kern van de abdij was.

Het kleine pand is bereikbaar vanuit het grote pand. Deze zuidelijke galerij sluit aan op zes vertrekken ingericht als woonplaats van de novicen, kamer van de prior, kamers van de senioren, ziekenboeg en kapel.
Ook op de verdiepingen van deze bakstenen abdij zijn authentieke ruimtes en bouwelementen bewaard die het kader vormden van het dagelijkse leven van de Brugse Duinheren. De bibliotheek bevindt zich nog altijd op haar oorspronkelijke plaats boven de refter. De kunstcollectie van de abdij verdient de nodige aandacht.

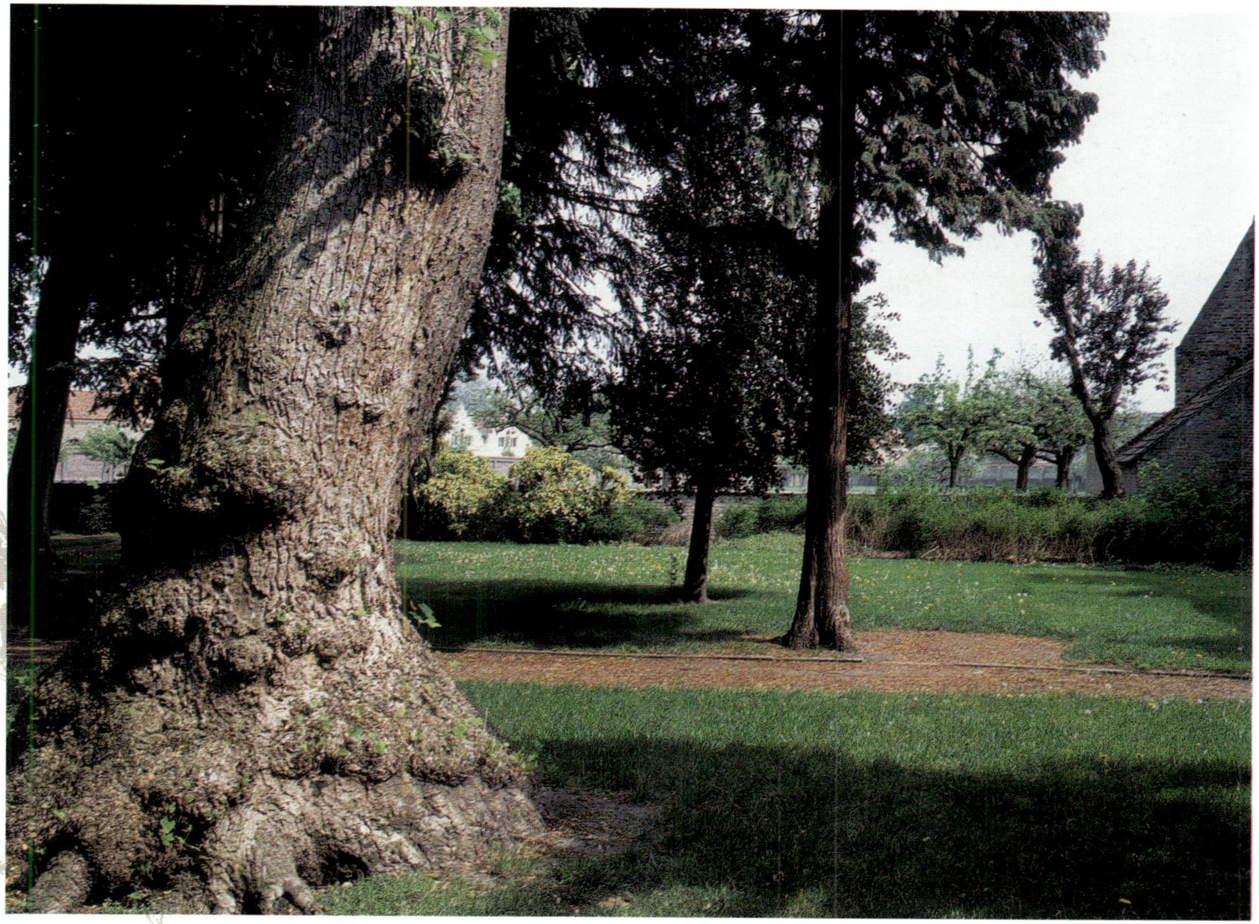

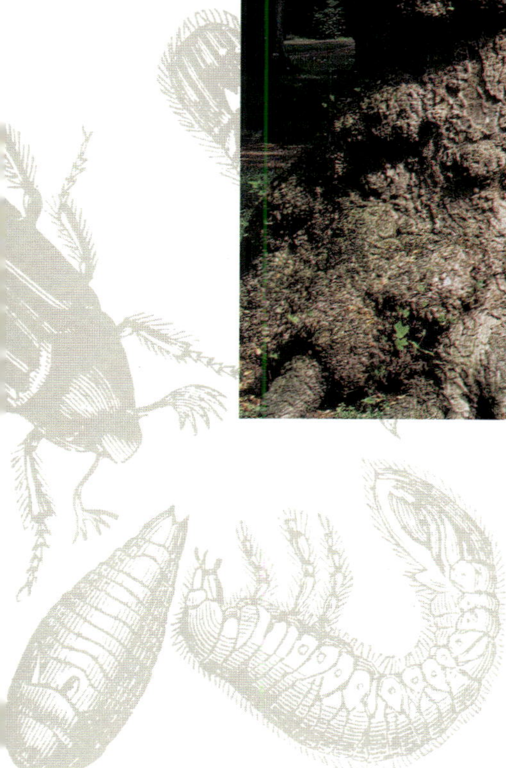

Bezoekers zijn verrast in het centrum van Brugge een uitgestrekt weiland met koeien en een boomgaard te vinden. Een paar eeuwen lang voorzag de tuin in de voedselvoorziening. Nu is het een oase van rust voor seminaristen en studenten van het Europacollege.
De landbouwuitbating dateert van de vestiging van de cisterciënzers in de 17de eeuw. Het bedrijf verdween in 1999. Momenteel laat een landbouwer er nog een twintigtal vaarzen grazen.
De moestuin is vervangen door gras en fruitbomen. Het verdere bomenbestand is beperkt maar telt toch majestueuze platanen, zomereiken en moseiken, gewone en bruine beuken, witte paardekastanjes, linden en gewone berken.

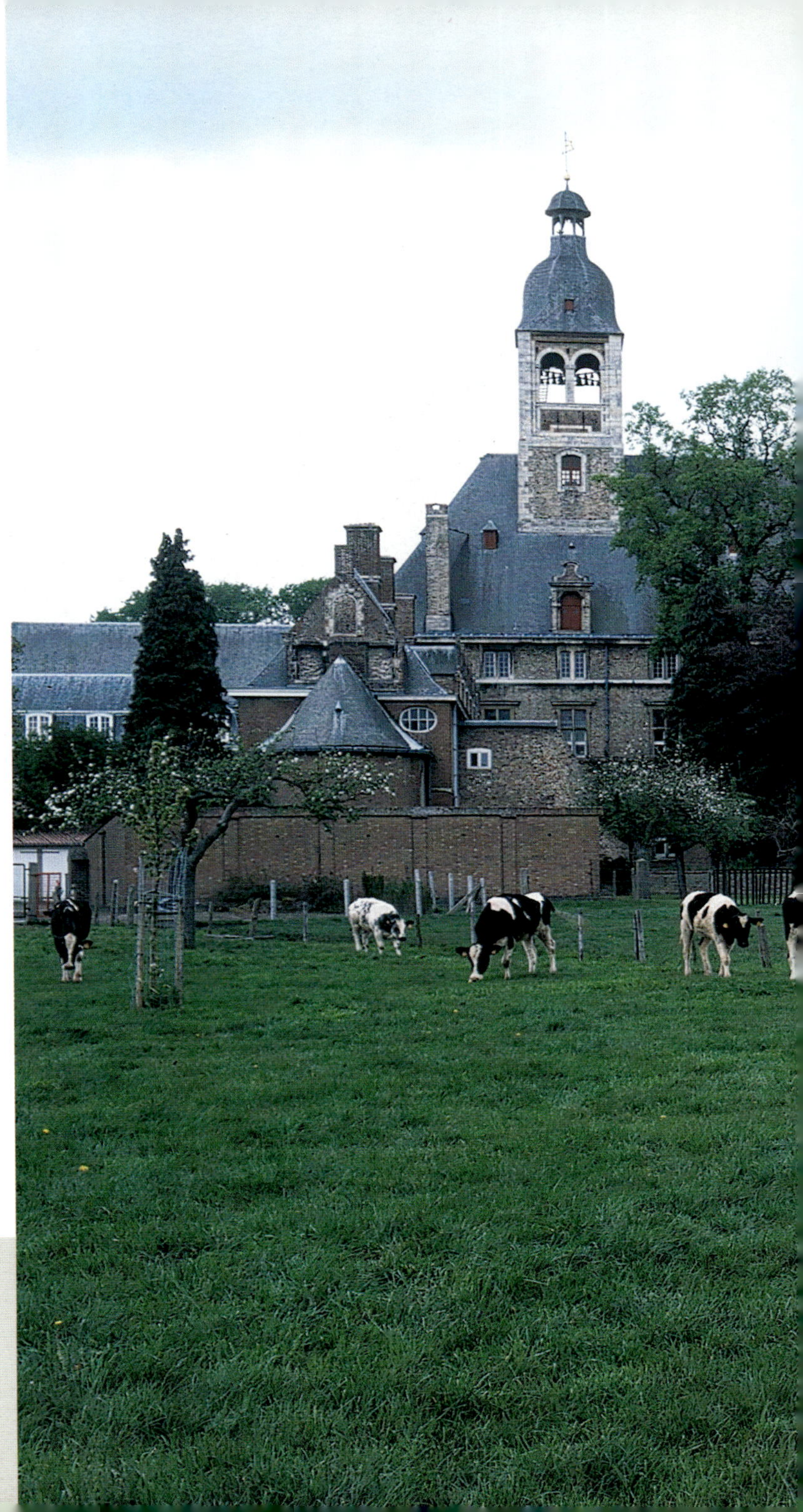

Het Grootseminarie van Brugge

Potterierei 72, 8000 Brugge
T 050 33 03 62
grootseminarie.brugge@kerknet.be
Niet vrij toegankelijk.
OMD: 10-12 en 13.30-17 uur. De tuin en een groot aantal lokalen op de gelijkvloerse verdieping zijn open voor bezoek.

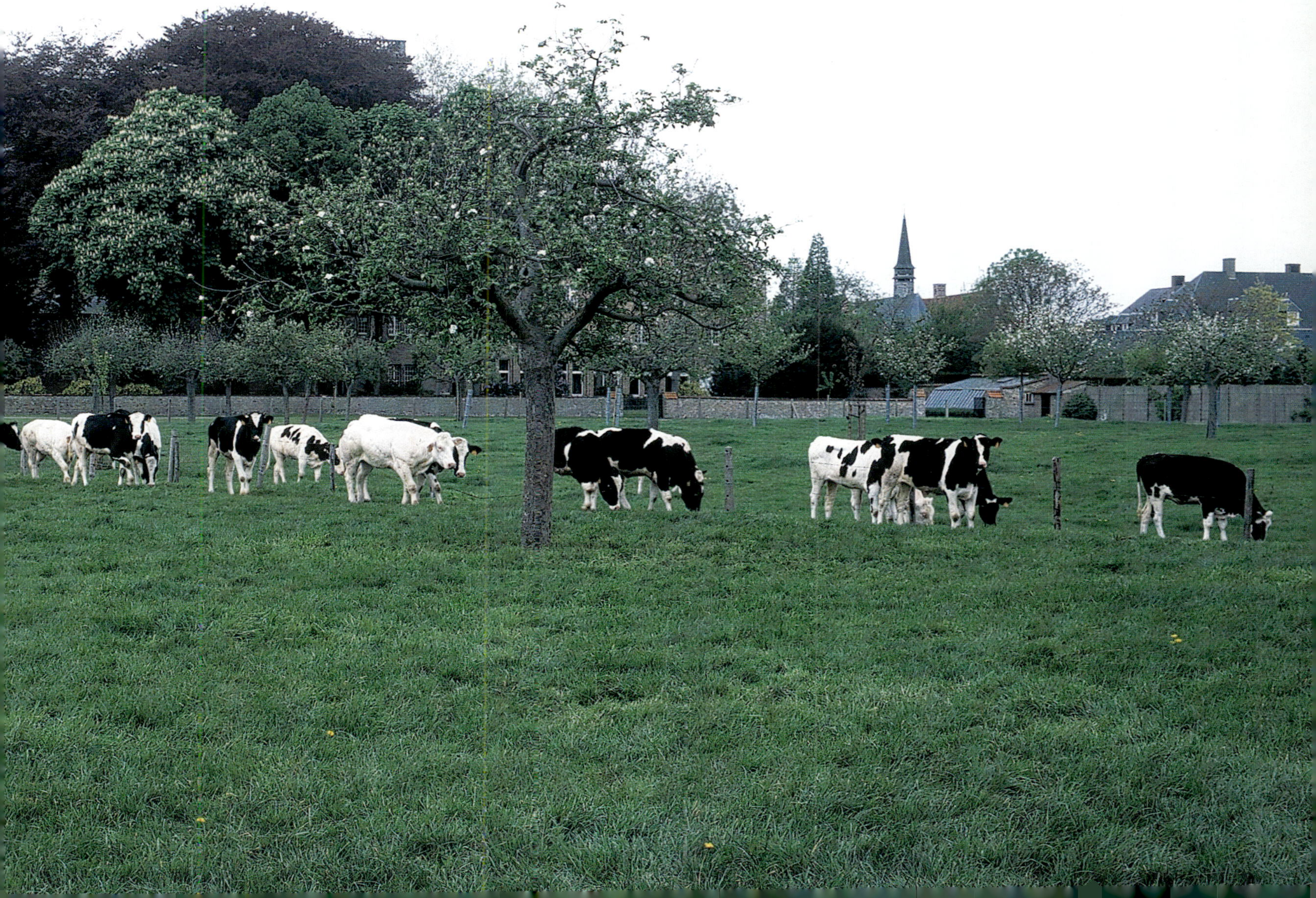

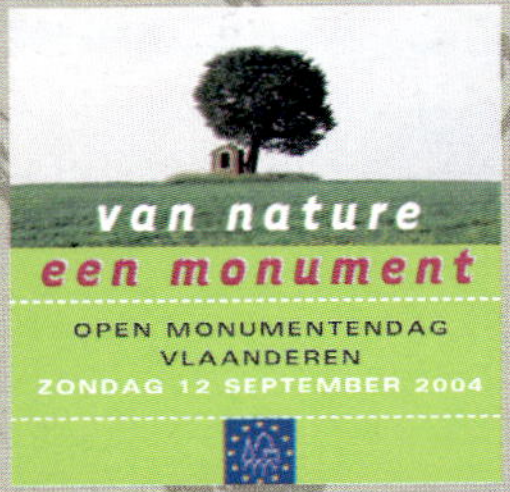

Open Monumentendag Vlaanderen is een initiatief van het ministerie van de Vlaamse Gemeenschap, de vijf Vlaamse provincies en de steden en gemeenten, respectievelijk vertegenwoordigd door de afdeling Monumenten en Landschappen, de Vereniging van Vlaamse Provincies en de Vereniging van Vlaamse Steden en Gemeenten.

[HERKOMST VAN DE ILLUSTRATIES]
Alle foto's: Oswald Pauwels, behalve:
p. 4, 5, 6, 8, 13, 14: Herman Vandenbossche
p. 9: foto Rijksarchief Gent
p. 15 boven: Daan Stemgée

[FOTO'S OMSLAG] Laarhof, Reet
[TEKSTEN] Herman van den Bossche en Jos Verniest
[EINDREDACTIE] Ann Jooris
[VORMGEVING EN ZETWERK] Johnny Bekaert
[LITHOGRAFIE] Die Keure, Brugge
[DRUK] Sofadi, Brussel

www.ludion.be
ISBN 90-5544-527-4
D/2004/6328/23

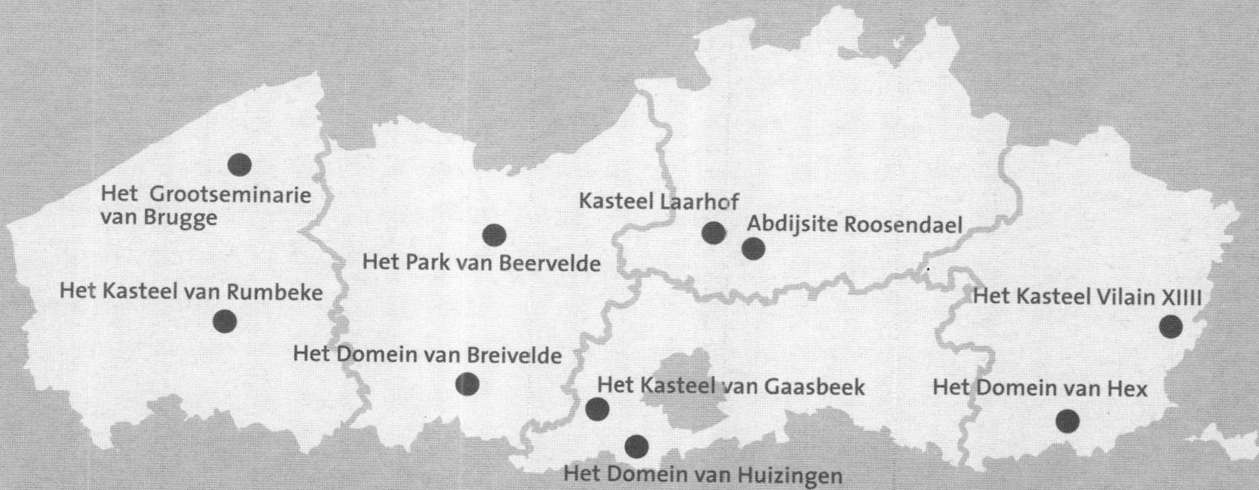

Het Grootseminarie
van Brugge
Het Kasteel van Rumbeke
Het Park van Beervelde
Het Domein van Breivelde
Kasteel Laarhof
Abdijsite Roosendael
Het Kasteel van Gaasbeek
Het Domein van Huizingen
Het Kasteel Vilain XIIII
Het Domein van Hex

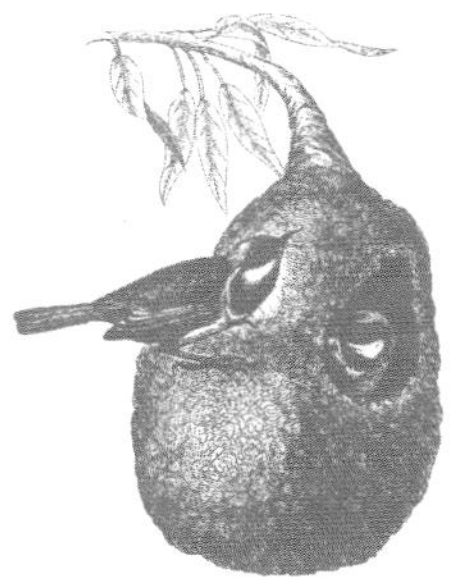